Karl-Heinz Jansen
Peter Melcher

Die Lokomotiven der Baureihe 94
und ihr Verbleib

– eine Stationierungsdokumentation –

Titelfoto: 94 249 ist die einzige erhalten gebliebene Lokomotive der Baureihe 94.2-4, der ehemaligen preußischen Baureihe T16. Detlef Winkler fotografierte die Maschine am 22. September 1983 in Meuselwitz.

Rückseite oben: Im oberen Bahnhof von Eibenstock stand 1974 noch die 94 2080-3. Nach Stillegung der Steilstrecke zwischen dem unteren und dem oberen Bahnhof in Eibenstock und dem Streckenabbau wurde die Lokomotive am 24. Februar 1976 ausgemustert.

Foto: Gotthard Paul

Unten: Dieter Lindenblatt fotografierte am 6. Januar 1971 die 094 730-9 unter der Bekohlungsanlage im Bw Wuppertal-Vohwinkel. Die ehemalige 94 1730 wurde erst am 5. Dezember 1975 beim Bw Hamm ausgemustert. Heute steht die Maschine im Deutschen Dampflokomotiv-Museum in Neuenmarkt-Wirsberg.

Herausgeber: LOKRUNDSCHAU Verlag GmbH, Geesthachter Straße 28a, 21483 Gülzow
Autoren: Karl-Heinz Jansen, 53111 Bonn
   Peter Melcher, 97478 Knetzgau
Satz & Layout: Soeren Pfaffenbach
Druck: Fränkische Gesellschaftsdruckerei, Würzburg
Ergänzungen, Berichtigungen usw. senden Sie bitte an:
K.H. Jansen, Bornheimer Straße 17b, 53111 Bonn

ISBN 3-931647-00-5
© LOKRUNDSCHAU Verlag GmbH
Alle Rechte – auch der Vervielfältigung – vorbehalten
– Printed in Germany –

Inhaltsverzeichnis

6		Die Baureihe 94.0 (pfälzische T5) – 94 001 - 004
7		Verbleibsliste der Baureihe 94.0 (pfälzische T5)
8		Die Baureihe 94.1 (württembergische Tn) – 94 101 - 130
10		Betriebsbuchauszug 94 119
11		Verbleibsliste der Baureihe 94.1 (württembergische Tn)
13		Erläuterungen zu den Verbleibslisten Baureihe 94.2, 94.5, 94.20
14		Die Baureihe 94.2-4 (preußische T16) – 94 201 - 467
16		Verbleibsliste der Baureihe 94.2-4 (preußische T16)
23		Betriebsbuchauszug 94 339
32		Die Baureihe 94.5-17 (preußische T16.1) – 94 501 - 1380, 1501 - 1740
33		Die preußische T16 / T16.1 bei der DB
41		Die preußische T16 / T16.1 bei der DR
44		Eindrücke vom Lokeinsatz der pr. T16 / T16.1 bei der DR
46		Verbleibsliste der Baureihe 94.5-18 (T16.1)
66		Betriebsbuchauszug 94 852 = KPEV T16.1 8148 Altona
157		Die Baureihe 94.19-21 (sächsische XI HT) – 94 1901 - 1908, 2001 - 2139
160		Zum Lokeinsatz der sächsischen XI HT
163		Verbleibsliste der Baureihe 94.19-20 (sächsische XI HT)
183		Erinnerungen an die Strecke Eibenstock ob. Bf. - Eibenstock unterer Bf.
188		Die Baureihe 94.70 (preußische T15) – 94 7001 - 7022
189		Verbleibsliste der Baureihe 94.70 (preußische T15)
190		Literaturverzeichnis
191		Verzeichnis der Abkürzungen

Sehr geehrter Eisenbahnfreund,

erneut können wir Ihnen hiermit eine Stationierungsdokumentation vorlegen, die sich mit allen Lokomotiven der Baureihe 94 beschäftigt, die 1923 im vorläufigen Umzeichnungsplan der DRB enthalten waren. Dazu gehören neben den Baureihen 94.0 und 94.70, die bis zur endgültigen Einführung des Nummern-Schemas 1926 bereits ausgemustert waren die preußischen, sächsischen und württembergischen Maschinen der Baureihen 94.1, 94.2-4, 94.5-17 und 94.19-21. Durch dieses Vorgehen wurde also dem Wunsche nach einer kompletten Auflistung erneut so weit wie möglich Rechnung getragen.

Viele Eisenbahnfreunde – insbesondere den Jüngeren – werden die vornehmlich im Rangier- und Verschubdienst auf fast allen größeren Güterbahnhöfen anzutreffenden Lokomotiven der Gattungen T 16.1 oder XI HT nur noch aus der einschlägigen Literatur oder von einem Museumsbesuch kennen. Seit Ausmusterung der letzten Maschinen dieser Baureihen im Jahre 1974/75 sind schon zwanzig Jahre ins Land gezogen. Im Mittelpunkt des Interesses standen die Maschinen bei ihrem anstrengenden Dienst am Ablaufberg sowieso nicht. Einzig die bei der DR im Thüringer Wald und auf sächsischen Steilstrecken eingesetzten Lokomotiven haben viele Fotografen in den letzten Einsatzjahren nach Suhl oder Eibenstock geführt.

Zum Erhalt einer bleibenden Erinnerung soll daher auch diese Schrift beitragen. Neben der im Mittelpunkt stehenden Verbleibsliste geben wir auch eine Übersicht über die Einsätze in den einzelnen Direktionen bei DB und DR nach 1945 und zeigen in den vielen Fotos die vielfältigen Einsatzbereiche der Maschinen auf.

Hinsichtlich der statistischen Angaben ist inzwischen speziell bei den Daten der DR-Loks eine Vollständigkeit erreicht, die vor einigen Jahren kaum vorstellbar war. Dieses Ergebnis resultiert auch diesmal wieder aus der Mitarbeit zahlreicher Eisenbahnfreunde, bei denen stellvertretend die Herren W. Danschewitz, Peter Große, Dipl.Ing. Ingo Hütter, Günther Krall, Peter Nöbel, P. Scheffler, Reiner Scheffler, E. Schlage, Andreas Stange, H.J. Trunk und H. Wallner hervorgehoben seien. Ebensolcher Dank gebührt den vielen Bildautoren, ohne die eine solche Veröffentlichung natürlich nicht möglich gewesen wäre. Die Autoren sind deshalb zuversichtlich, daß auch bei weiteren Ausarbeitungen ähnlicher Art eine solche Resonanz bekundet werden kann und laden alle Freunde der Eisenbahn zur Mitarbeit ein.

Bonn und Knetzgau, im September 1995

Karl-Heinz Jansen
Peter Melcher

Keine Eisenbahn ohne Menschen
Lokführer und Heizer der 94 2066 fotografierte Reiner Scheffler 1967 in Riesa.

Die Baureihe 94.0 (pfälzische T5) - 94 001 - 004

Zur Beförderung der schweren Kohlezüge auf der Steilrampe zwischen Biebermühle und Pirmasens erwiesen sich die vorhandenen dreifach gekuppelten Tenderlokomotiven als zu schwach, weshalb man bei den Pfalzbahnen gleich den Sprung von der dreifach zur fünffach gekuppelten Tenderlokomotive wagte. Die als pfälzische T5 bezeichneten Maschinen lieferte 1907 die Firma Krauss. Vier Lokomotiven mit den Fabriknummern 5578 bis 5581 erhielten die Bahnnummern 306 bis 309. Von der DRG als Baureihe 94.0 übernommen, sollten sie laut abschließendem Umzeichnungsplan die Betriebsnummern 94 001 - 004 erhalten (vgl. dazu Anmerkungen in der Verbleibsliste).
Die Trieb- und Laufwerkausbildung schaute man von der Reihe 180 der Österreichischen Staatsbahn ab. Angetrieben wurde die vierte Kuppelachse. Mit 1.180 mm Durchmesser konnte man die Treib- und Kuppelräder nicht gerade als groß bezeichnen. Um auch enge Gleisradien befahren zu können, gab man der mittleren Kuppelachse ein Seitenspiel von plus/ minus 20 mm, den beiden größeren Kuppelachsen gestand man plus/minus 26 mm Seitenverschiebbarkeit zu.

Am 4. Dezember 1971 stand die T5 307 noch als Lok 3 beim EBV in Baesweiler im Einsatz.
Foto: Günter Krall

Technische Daten der pfälzischen T5

Bauart	E n2	Überhitzerheizfläche	--------
Betriebsgattung	Gt 55.14	Heizrohrfläche	157,5 m²
Höchstgeschwindigkeit	40 km/h	Verdampfungsheizfläche	169,0 m²
Zylinderdurchmesser	560 mm	Achsstand der Lok	5.600 mm
Treib- und Kuppelraddurchmesser	1.180 mm	Länge über Puffer	12.020 mm
Kesselüberdruck	13 bar	Masse der Lok, leer	56,8 t
		Masse der Lok, voll	72,0 t
Rostfläche	2,73 m²	Achslast	14,4 Mp
Anzahl der Heizrohre	253 Stück	Wasserkasteninhalt	6 m³
Strahlungsheizfläche	11,5 m²	Brennstoffvorrat	2,5 t

94 001 - 94 004

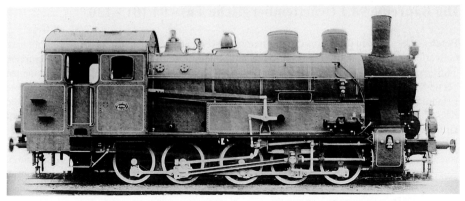

Von den vier Lokomotiven der pfälzischen T5 gibt es aufgrund ihrer frühzeitigen Ausmusterung (1926) nur wenig Bildmaterial: Ein Werkfoto der T5 Nr.309 (vorgesehen zur Umzeichnung als 94 004) von der Firma Krauss war jedoch im Lok-Bildarchiv Bellingrodt vorhanden.

Foto-Sammlung: Günther Klebes

Im Vergleich mit den fünffach gekuppelten Tenderlokomotiven Preußens oder Sachsens schnitt die T5 wesentlich schlechter ab und blieb in der Leistung spürbar hinter diesen zurück. Die T5 war in der Lage, in der Ebene rund 1.500 t mit 40 km/h zu befördern. In einer Steigung von 20 ‰ reichte es noch zu 200 t mit 30 km/h. Alle vier Maschinen blieben stets in Pirmasens beheimatet und auf der ihnen zugedachten Strecke im Einsatz. Von den Maschinen überlebte nur 94 002 durch den Verkauf als Werklok an den Eschweiler Bergwerks Verein. Noch 1974 stand sie als Lok Nr. 3 „CARL ALEXANDER" in Baesweiler im Einsatz und ist heute in der Fahrzeugsammlung Pfalz der Deutschen Gesellschaft für Eisenbahngeschichte (DGEG) in Neustadt/Weinstraße Anschauungsmodell.

Verbleibsliste der Baureihe 94.0 (pfälzische T5)

001	ex Pfalz 306	DRB	.25	Pirmasens-Nord	+	25.09.1926
002	ex Pfalz 307	DRB	.25	Pirmasens-Nord	+	25.09.1926 *
003	ex Pfalz 308	DRB	.25	Pirmasens-Nord	+	25.09.1926
004	ex Pfalz 309	DRB	.25	Pirmasens-Nord	+	25.09.1926

Anmerkung: Die Lokomotiven 94 001-004 sind im endgültigen Umzeichnungsplan der DRB von 1925 enthalten. Die Umzeichnung erfolgte jedoch bei der RBD Ludwigshafen erst von November 1926 bis Februar 1927, so daß besagte Loks aufgrund ihrer vorherigen Ausmusterung keine Reichsbahnnummern mehr erhielten!

002   Verkauft 1927 an Eschweiler Bergwerks-Verein, Zeche „Carl Alexander", Baesweiler als Werklok Nr. 3. Im März 1976 an Vereinigung „Deutsche Gesellschaft für Eisenbahngeschichte e.V. (DGEG)" verkauft, seit 1981 nach äußerlicher Aufarbeitung im AW Kaiserslautern Ausstellungslok im DGEG-Lokomotivmuseum Neustadt/Weinstraße.

Die Baureihe 94.1 (württembergische Tn) - 94 101 - 130

Bereits 1919 wurde in den Büros der Württembergischen Staatsbahn eine E h2-Tenderlokomotive entworfen, die die unwirtschaftlichen Naßdampflokomotiven der Klasse A (spätere Baureihe 34.81) ersetzen sollte. Als Einsatzgebiet waren Nebenbahnen vorgesehen, die noch keinen verstärkten Oberbau erhalten hatten. Schon 1905 hatte man in Württemberg mit E-Kupplern gute Erfahrungen gesammelt. Wie alle Maschinen der Württembergischen Staatsbahn wurde auch die Klasse Tn von der Maschinenfabrik Eßlingen gebaut. Bestellt waren 30 Lokomotiven, die auf Grund einiger Verzögerungen erst 1921/22 abgeliefert werden konnten.
Die Gölsdorfsche Achsanordnung bei E-Kupplern hatte die Württembergische Staatsbahn bereits seit 1905 verwendet. Bei der Tn kam diese Achsfolge ebenfalls zum Tragen. Die 1., 3. und 5. Kuppelachsen waren jeweils um plus/minus 22 mm seitenverschiebbar, die 2. und 4. Kuppelachsen waren starr im Rahmen gelagert. Mit 64,5 t Reibungsgewicht erwies sich die Tn als recht leistungsfähig.
So fanden am 05.05.1923 auf der Strecke von Rottweil nach Spaichingen sowie von Rottweil nach Villingen Versuchsfahrten statt. Auf erstgenannter Strecke betrug die durchschnittliche Steigung 10%, wobei bei einem Zuggewicht von 686 t rund 11,5 km/h erreicht wurden. Die Überhitzertemperaturen lagen zwischen 340° und 410° C, auf der Strecke Rottweil - Villingen sogar bei 435° C. Dabei sank der Kesseldruck nie unter 12 bar.
Pate für den Entwurf der Tn stand die württembergische T5, die in mehreren Bauteilen mit der Tn baugleich war.
Im Betriebsdienst bewährten sich die Tn-Lok zur Zufriedenheit, so daß alle Maschinen von der DRG übernommen wurden. Sie erhielten die Betriebsnummern 94 101 - 94 130.
Ihre große Bewährungsprobe hatte die Tn, als die badische Rheinstrecke bei Offenburg durch französische Truppen gesperrt wurde. Durch Umleitung über die Schwarzwaldstrecke Rottweil - Villingen konnten die 94.1 ihre Leistungsfähigkeit beweisen.
Alle Loks überstanden den Krieg und verblieben bei der DB. Ihre Ausmusterung erfolgte in den Jahren 1957 bis 1961. Am 10.05.1961 wurde mit 94 113 beim Bw Tübingen die letzte Lok dieser Gattung ausgemustert.

Technische Daten der württembergischen Tn

Bauart	E h2	Überhitzerheizfläche	57,2 m²
Betriebsgattung	Gt 55.13	Heizrohrfläche	12,55 m²
Höchstgeschwindigkeit	50 km/h	Verdampfungsheizfläche	106,13 m²
Zylinderdurchmesser	500 mm	Achsstand der Lok	5160 mm
Treib- und Kuppelraddurchmesser	1150 mm	Länge über Puffer	11030 mm
Kesselüberdruck	13 bar	Masse der Lok, leer	48,3 t
Rostfläche	1,93 m²	Masse der Lok, voll	64,5 t
Anzahl der Heizrohre	29 Stück	Achslast	12,5 Mp
Strahlungsheizfläche	10,38 m²	Wasserkasteninhalt	8 m³
		Brennstoffvorrat	3 t

Die württembergischen Tn-Loks (oben 94 119 fotografiert von Werner Hubert, unten 94 123 aus dem Lok-Bildarchiv Bellingrodt) verblieben stets im Bereich der RBD/BD Stuttgart. Leider könnten wir bei beiden Bildern über Aufnahmeort und Datum nur mutmaßen. Den Betriebsbuchauszug der 94 119 finden Sie auf der nächsten Seite.

Beide Fotos: Sammlung Günther Klebes

94 119

Maschinenfabrik Esslingen   4011/1921   *(4010)*

	-		Geislingen	
	-		Wallern	
	-	19.09.1948	CSD 523.1501 *(1500)*	
20.09.1948	-		an DRw	
20.09.1948	-		Stuttgart (abgestellt)	
.11.1948	-	04.12.1948	AW Eßlingen	
11.02.1949	-	02.01.1956	Kornwestheim	
03.01.1956	-	24.02.1956	AW Eßlingen	L2
25.02.1956	-	05.07.1956	Kornwestheim	
06.07.1956	-	11.07.1956	Aw Eßlingen	L0
12.07.1956	-	12.05.1957	Kornwestheim	
13.05.1957	-	03.10.1957	Plochingen	z 03.10.1957
		15.01.1960	ausgemustert	

Kesselverzeichnis:
MF Eßlingen   4011/1921   ab   1921   neu mit Lok
MF Eßlingen   4010/1921   ab   aus
MF Eßlingen   4006/1921   ab   25.02.1956   aus 94 101

Kessel-Verwendungsnachweis: MF Eßlingen 4006/1921
  15.10.1921   -   94 114
                   -   18.11.1939   94 115
                   -   13.01.1956   94 101
  25.02.1956   -   ++   94 119

Untersuchung:
  18.05.1954   -   24.06.1954   AW Eßlingen   L4

Sammlung Günter Krall

Verbleibsliste der Baureihe 94.1 (württembergische Tn)

Nr.	Bahn	Bw	Z-Datum	Ausm.
102	DB	Stuttgart	Z 26.01.60	+ 10.05.1960
103	DB	Aalen	Z 03.06.59	+ 25.07.1959
104	DB	Aalen	Z 05.02.60	+ 10.05.1960
105	DB	Tübingen	Z 18.09.60	+ 21.10.1960
106	DB	Stuttgart		+ 15.05.1959
107	DB	Kornwestheim		+ 20.11.1958
108	DB	Tübingen	Z 03.03.59	+ 15.05.1959
109	DB	Tübingen	Z 15.07.60	+ 21.10.1960
110	DB	Tübingen		+ 15.05.1959
111	DB	Stuttgart	Z 11.02.60	+ 10.05.1960
112	DB	Tübingen	Z schon .58	+ 16.01.1959
113	DB	Tübingen	Z 20.01.61	+ 10.05.1961
114	DB	Tübingen		+ 15.11.1957
115	DB	Kornwestheim		+ 23.11.1956
116	DB	Aalen		+ 20.11.1958
117	DB	Kornwestheim		+ 25.04.1958
118	DB	Plochingen	Z 25.07.59	+ 30.10.1959
119	DB	Plochingen		+ 15.01.1960 *
120	DB	Tübingen	Z 20.10.59	+ 15.01.1960
121	DB	Tübingen	Z 12.07.60	+ 21.10.1960
122	DB	Stuttgart		+ 23.11.1956
123	DB	Tübingen	Z 11.02.60	+ 10.05.1960
124	DB	Aalen		+ 15.05.1959 *
125	DB	Aalen		+ 16.01.1959
126	DB	Tübingen		+ 18.04.1956
127	DB	Tübingen		+ 20.11.1958
128	DB	Tübingen	Z 22.10.59	+ 15.01.1960
129	DB	Tübingen	Z 25.06.60	+ 19.07.1960
130	DB	Tübingen		+ 20.11.1958

119   CSD (Umzeichnung 523.1500) ab .45-Rückgabe DB 20.09.1948
124   CSD (Umzeichnung 523.1501) ab .45-Rückgabe DB 20.09.1948

Erläuterungen zu den Verbleibslisten Baureihe 94.2, 94.5, 94.20

Spalte 1: Ursprüngliche Ordnungs-Nummer bei DRB

Spalte 2: EDV-Ordnungs-Nummer bei DB (ab 1968) und DR (ab 1970) bzw. neue Gattungs-Bezeichnung mit entsprechender Nummer bei einer fremden Bahnverwaltung

Hinweis: Auf mehrfachen Wunsch wird nunmehr bei allen DB/DR-Loks auch die jeweilige EDV-Controll-Ziffer aufgeführt. Hierbei wurden aus dem Bereich der DR sämtliche Loks berücksichtigt, die im erstmaligen Umzeichnungsplan von 1969 enthalten waren. Viele der DR-Loks erhielten aufgrund ihrer vorzeitigen Z-Stellung oder Ausmusterung tatsächlich jedoch keine neue Nummer mehr. In den folgenden Listen sind diese hinter der jeweiligen Ordnungs-Nummer mit dem Buchstaben „x" gekennzeichnet (z.B.: 94 1599-3^x oder 94 2012-6^x)

Spalte 3: Letzte Bahnverwaltung zum Zeitpunkt der Ausmusterung bzw. Angabe der letzten bekannten ausländischen Bahnverwaltung

Spalte 4: Statistisch nachweisbare Jahresangabe bei Übernahme durch eine fremde Bahnverwaltung

Spalte 5: Letztes bekanntes Heimat-Bw bzw. Angabe der letzten bekannten Stationierung. - Hierbei ist zu beachten, daß von verschiedenen bei der CSD, PKP oder SZD verbliebenen Loks die letzte Beheimatung vor Ende des 2. Weltkrieges nicht mehr feststellbar war. Bei diesen Loks wird das letzte bekannte Heimat-Bw in Kursiv-Schrift aufgeführt (z.B. 94 522 *Berlin-Pankow* .31 oder 94 607 *Kaiserslautern* 07.35).

Spalte 6: Datum der Z-Stellung

Spalte 7: Ausmusterungsdatum bzw. Datum über letzte Einsatz-Sichtungen

Spalte 8: Für die mit einem * gekennzeichneten Lokomotiven findet sich in der Fußnote ein zusätzlicher Vermerk

---

An der Zwischensignalgruppe in Sudmühle fotografierte Ludwig Rotthowe im Mätz 1956 die 94 585 aus Münster.

Die Baureihe 94.2-4 (preußische T16) - 94 201 - 467

Schon um 1900 bestand bei der KPEV Bedarf an fünffach gekuppelten Tenderlokomotiven. Die königliche Eisenbahn-Direktion Erfurt benötigte diese dringend für die Steilstrecken in Thüringen, wo Steigungen von 33‰ und Gleisbögen mit einem Radius von 200 m zu befahren waren. Ein Entwurf von Garbe sah einen E-Kuppler vor, dessen Kurvenläufigkeit durch seitenverschiebbare Kuppelachsen erzielt werden sollte. Diese Methode war nicht neu, denn bereits 1888 hatte Richard von Helmholtz dies rechnerisch ermittelt und war von Gölsdorf erstmals 1900 in die Tat umgesetzt worden. Im Juni 1905 lieferte Schwartzkopff mit der Fabriknummer 3397 eine erste Baumustermaschine nach den Plänen Garbes als „Breslau 8101" ab. Wenig später folgte mit Fabriknummer 3398 eine weitere Maschine als „Breslau 8102". Zunächst war für die neue Baureihe die Gattungsbezeichnung „T14" vorgesehen, doch dann erhielt sie schließlich das Gattungszeichen „T16".
Bereits am 27.06.1905 führte man mit der Breslau 8101 Versuchsfahrten durch. Befahren wurde die Strecke Grunewald - Nedlitz. Als Vergleichslok mußte eine T15 (vorgesehen als BR 94.70) herhalten, die einen 946 t-Zug zu befördern hatte. Dagegen mußte die T16 ihr Können vor einem Zug mit 151 Achsen und 1.535 t beweisen. Während die T16 die Strecke (hin und zurück 180 km) in 278 Minuten absolvierte, mußte die T15 bereits in Wiesenburg/Mark eine erste Pause einlegen und hatte dort bereits gegenüber dem Fahrplan eine Verspätung von 40 Minuten.
Auch in Puncto Verbrauch war die T16 der T15 weit überlegen. So verbrauchte die T16 insgesamt 23 m³ Wasser und 3,9 t Kohle, die T15 dagegen 35,3 m³ Wasser und 5,3 t Kohle. Weitere Versuche auf der Strecke Hirschberg - Grünthal der KED Breslau, die teilweise Steigungen bis 1:40 aufweist, endeten mit einem ähnlichen Ergebnis. 39% weniger Wasser und 25% weniger Kohle verbrauchte die T16 gegenüber der T15. Zu den besseren Werten trug natürlich auch bei, daß die 1., 3. und 5. Kuppelachse der T16 um plus/minus 26 mm seitenverschiebbar war, die 2. und 4. Kuppelachse dagegen fest im Rahmen gelagert wurde..
Bei Gründung der Deutschen Reichsbahn übernahm man die T16 als Baureihe 94.2-4 und reihte sie mit den Ordnungsnummern 94 201 - 467 ein. Falsch eingeordnet wurden die Maschinen mit den Nummern 94 465 - 467, bei denen es sich in Wirklichkeit um T16.1-Loks handelte. Erst 1934 wurde der Irrtum bemerkt und die drei Loks richtig als 94 1378 bis 1380 eingereiht.
Eine weitere T16 wurde fälschlicherweise als T16.1 eingeordnet und bekam die Nummer 94 501 zugewiesen. Dabei handelt es sich um die Lok „Schwartzkopff 3600/1906", welche unter der Bezeichnung „Essen 8104" abgeliefert wurde. Diese hatte eine Rahmenverstärkung und wies somit eine höhere Achsfahrmasse auf. Der Fehler wurde nachträglich jedoch nie korrigiert.

Technische Daten der preußischen T16

Bauart	E h2	Überhitzerheizfläche	41,40 m²
Betriebsgattung	Gt 55.15	Heizrohrfläche	88,41 m²
Höchstgeschwindigkeit	40 km/h	Verdampfungsheizfläche	129,36 m²
Zylinderdurchmesser	610 mm	Achsstand der Lok	5.800 mm
Treib- und Kuppelraddurchmesser	1.350 mm	Länge über Puffer	12.660 mm
Kesselüberdruck	12 bar	Masse der Lok, leer	60,2 t
Rostfläche	2,28 m²	Masse der Lok, voll	75,6 t
Anzahl der Heizrohre	152 Stück	Achslast	15,1 Mp
Strahlungsheizfläche	12,15 m²	Wasserkasteninhalt	7 m³
		Brennstoffvorrat	2 t

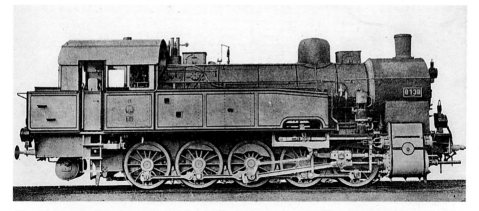

Eine Werksaufnahme der pr. T16 Erfurt 8138 des Herstellers Berliner Maschinenbau AG aus dem Jahre 1913 dokumentiert den Ursprungszustand der späteren 94 429.
Foto-Sammlung: Günther Klebes

Nach dem 2. Weltkrieg verblieben bei der DB ca. 84 Loks der Gattung T16, deren Ausmusterung in den frühen 50er-Jahren einsetzte. Als letzte schied die 94 489 des Bw Mainz aus dem Bestand, sie wurde am 18.03.1955 ausgemustert.
Beim T16-Bestand der DR kann von insgesamt 18 Loks ausgegangen werden. Eingesetzt wurden sie vor allem im Raum Leipzig sowie in Haldensleben und Wismar. 1966 schieden auch hier die drei letzten aus. Beim Bw Wismar die 94 236 (+ 04.03.1966) und beim Bw Leipzig-Wahren die 94 404 (+ 27.09.1966) sowie 94 485 (+ 22.03.1966). Von der Verschrottung verschont blieb lediglich 94 249, welche 1988 zum Bestand des Verkehrsmuseums Dresden zählte und danach gelegentlich bei Fahrzeug-Ausstellungen der DR zu sehen war.

In den 30er-Jahren besuchte Werner Hubert auch das Bw Rothenburgsort, das bis zu ihrer Ausmusterung Heimat der 94 213 war.

94 201 - 209　　　　　　　　　　　　　　　　　　　　　　　　　　　　16

Auch 94 223 war bis zu ihrer Ausmusterung im Jahre 1933 in Rothenburgsort stationiert. So ist anzunehmen, daß beide Aufnahmen von besagtem Bildautor stammen.
Beide Fotos: Sammlung Detlef Winkler

Verbleibsliste der Baureihe 94.2-4 (preußische T16)

Nr.	Bahn	Ort	Z	+	Datum
201	DRB	Schlauroth		+	10.01.1936
202	DR	Haldensleben	Z 08.08.63	+	14.09.1965
203	DRB	Neubeckum		+	19.09.1933
204	DRB	Königsberg		+	28.12.1933 *
205	DRB			+	1929
206	DRB	Hannover-Linden		+	15.02.1930 *
207					VU
208	DRB	Glatz		+	03.09.1933 *
209	DRB	Gotha		+	28.05.1926 *

204　Verkauft
206　Umzeichnung ab 1930 in 94 501 (siehe auch Fußnote bei 94 501), 1. Ausmusterung rückgängig gemacht!
208　Amtliche Bemerkung bei RZA Berlin. „Wird als Werklok verwendet"
209　Verkauft an Schrottfirma „Erich am Ende", Berlin

210		DRB	Meiningen	+	01.06.1929 *
211		DRB	Vacha	+	04.04.1930
212		DRB	Meiningen	+	14.07.1931 *
213		DRB	Rothenburgsort	+	05.05.1933
214		DRB	Hannover-Linden	+	15.04.1932
215		DRB	Wilhelmsburg	+	01.12.1930
216		DRB	Meiningen	+	01.11.1926 *
217		DRB	München Ost	+	20.10.1937
218					VU
219		DRB	Fulda	+	11.12.1932
220		DRB	Fulda	+	03.10.1932
221		DRB	Wesermünde	+	04.12.1932 *
222		DRB	Mainz Hbf	+	28.02.1932
223		DRB	Rothenburgsort	+	08.03.1933
224	→ Tkw1-6	PKP .45	RBD Breslau/Oppeln .36		
225		DRB	Seesen	+	10.07.1926
226		DRB	Wilhelmsburg	+	05.05.1933
227		DRB	Wilhelmsburg	+	05.05.1933
228	→ 94.228	SZD .45	RBD Breslau/Oppeln .36		
229	→ Tkw1-13	PKP .45	RBD Breslau/Oppeln .36		
230		DRB	Wilhelmsburg	+	01.02.1932 *
231	→ 94.231	SZD n.47	(*Beuthen* .44) CSD/R .45-.47		
232		DRB KS	Northeim	+	12.11.1946 *
233		DRB	Wesermünde-Lehe	+	04.03.1936
234		DB	Northeim	+	14.11.1952
235		DB	Northeim	+	01.06.1953
236		DR	Wismar Z 26.11.64	+	04.03.1966
237	→ Tkw1-1	PKP .45	RBD Breslau/Oppeln .36		
238		DR	Halberstadt	+	04.10.1963 *
239		DRB	Rothenburgsort	+	01.07.1933

210 Verkauft
212 Verkauft nach Rußland
216 Verkauft
221 Verkauft
230 Seit 1929 abgestellt
232 Nach anderen Angaben + 15.11.1946
238 Mit Ausmusterungs-Verfügung von Rbd Halle verkauft an „VEB Binnenhäfen/Frankfurt/Oder" als Werklok Nr. 1 (++ 10.10.1967)

94 240 - 269

240		DRB	Eidelstedt		+	24.07.1933 *
241		DR	Mgb-Rothensee		+	10.02.1953 *
242	→ Tkw1-3	PKP .45	RBD Breslau/Oppeln .36			
243	→ 94.243	SZD .45	RBD Königsberg 04.33			
244						VU
245		DB	Münster		+	17.03.1954
246	→ 94.246	SZD .45	Königsberg Hbf .40			
247	→ Tkw1-2	PKP .45	RBD Breslau/Oppeln .36			
248		DR	Leipzig-Plagwitz		+	06.02.1960 *
249		DR	VM Dresden	Z 24.05.88	+	25.05.1988 *
250		DRB	Warburg		+	08.12.1932
251	→ Tkw1-7	PKP .45	RBD Breslau/Oppeln .36			
252	→ Tkw1-4	PKP .45	RBD Breslau/Oppeln .36			
253		DR	Gotha	Z 26.03.64	+	07.09.1965
254		DRB	Hannover-Linden		+	15.02.1930
255		DRB	Stendal 03.30			
256	→ 94.256	SZD .45	Königsberg Hbf 04.33			
257		DB	Ludwigshafen		+	14.11.1952
258	→ 94.258	SZD n .47	(*Lauban* .41), CSD/R .45-.47			
259		DRB	Mainz Hbf		+	08.01.1933
260		DRB	Düsseldorf-Derendorf		+	12.12.1933
261		DRB	Wilhelmsburg		+	16.01.1933
262		DRB	Wilhelmsburg		+	01.07.1933
263		DRB	Königszelt		+	06.01.1935 *
264		DB	Passau		+	09.11.1953
265		DRB	Mainz Hbf		+	11.05.1932 *
266		DRB	Hoyerswerda		+	18.02.1933 *
267		DRB	Merseburg		+	06.05.1931
268		DB	Osnabrück Rbf		+	09.11.1953
269		DB	Altenbeken		+	09.11.1953

---

240 Verkauft
241 Abgestellt 05.02.1951
248 Mit Ausmusterungs -Verfügung von Rbd Halle verkauft an
„Kupfer-Kombinat Mansfeld", Eisleben als Werklok Nr. 59 (++ 1970)
249 Halle P, Z 13.01.66, Zeitz im Z-Park ab 17.02.68, Altenburg im Z-Park ab 03.11.68,
seit 01.08.72 im Bestand des VM Dresden, mit letztmaliger Ausmusterungs-Verfügung
verkauft an „Deutscher Modelleisenbahn-Verband (der DDR) DMV", Arbeitsgruppe Heiligenstadt
263 Verkauft 1935 an „Westfälische Landes-Eisenbahn (WLE)" als Lok Nr. 108 (+ 1962)
265 Verkauft
266 Eine vorherige Ausmusterung erfolgte beim Bw Hoyerswerda am 06.05.1931

94 270 - 277

Nach ihrer Ausmusterung bei der DR im Jahre 1960 gelangte 94 248 an das Kupfer-Kombinat Mansfeld als Werklok Nr.59 in Eisleben, wo sie 1970 verschrottet wurde. Aus diesem Zeitraum stammt demzufolge auch unsere Aufnahme.

Foto-Sammlung: Michael Malke

270		DRB	Neisse	+	06.05.1931
271		DRB	Herzogenrath	+	03.07.1927
272		DRB	Herzogenrath	+	28.06.1927
273		DRB	Neisse	+	06.05.1931
274		DRB	Fulda	+	01.12.1930
275	→ Tkw1-8	PKP .45	RBD Breslau/Oppeln .36		
276	→ Tkw1-9	PKP .45	RBD Breslau/Oppeln .36		
277		DRB	Mainz Hbf	+	17.01.1934 *

277 Verkauft

94 278 - 291

Die einzige erhalten gebliebene Lok der Gattung T16 ist nunmehr 94 249, welche hier bei einem offiziellen Anlaß am 08. Mai 1987 im Bw Leipzig Hbf Süd der Öffentlichkeit vorgestellt wurde.
Foto: Michael Malke

278		DB	Osnabrück Hbf		+	09.11.1953
279		DB	Oldenburg Vbf	Z 07.01.53	+	09.11.1953
280		DRB	Düsseldorf-Derendorf		+	30.12.1932
281		DRB	Düsseldorf-Derendorf		+	30.09.1932
282		DRB	Neisse		+	06.05.1931
283		DRB	Neisse		+	06.05.1931
284		DRB	Meiningen		+	04.02.1931
285	→ Tkw1-5	PKP .45	RBD Breslau/Oppeln .36			
286		DB	Regensburg		+	14.11.1952
287		DRB	Fulda		+	04.09.1932
288		DB	Regensburg		+	14.11.1952
289		DRB	Fulda		+	22.05.1932
290		DB	Kirn		+	30.07.1951
291		DB	Ludwigshafen		+	14.11.1952

292		DRB	Weinheim		+	01.04.1932 *
293		DB	Ludwigshafen		+	13.08.1952
294		DRB	Senftenberg		+	18.02.1933 *
295		DRB	Senftenberg.		+	06.05.1931
296		DB	Osnabrück Hbf	Z 05.11.54	+	18.03.1955
297		DB	Münster		+	09.11.1953
298	→ 94.298	SZD n .47	(*RBD Breslau/Oppeln* .36), CSD/R .45-.47			
299		DRB	Nordhausen		+	20.12.1933
300		DB	Ludwigshafen		+	13.08.1952
301		DRB	Weinheim		+	16.06.1932
302		DB	Osnabrück Vbf		+	01.06.1953
303		DRB	Flöha		+	20.05.1932
304		DRB	Flöha		+	14.07.1932
305		DRB	Rothenburgsort		+	18.06.1933
306		DRB	Rothenburgsort		+	18.06.1933
307		DR	Leipzig-Wahren	Z 01.09.64	+	25.03.1965
308	→ 94.308	SZD .45	(*Kohlfurt* .41)			
309		DRB	Nordhausen		+	20.12.1933
310		DRB	Nordhausen		+	14.02.1931
311		DB	Münster		+	14.11.1951
312		DRB	Fulda		+	08.04.1930 *
313		DB	Ludwigshafen		+	17.03.1954
314		DB	Osnabrück Hbf		+	01.06.1953
315		DRB KS	Friedberg		+	31.08.1946
316		DRB	Wilhelmsburg		+	16.01.1933
317		DRB	RBD Breslau/Oppeln .36			
318	→ Tkw1-10	PKP .45	RBD Breslau/Oppeln .36			
319		DB	Göttingen Vbf		+	11.01.1952
320		DRB	Dir. Cassel 1925		+	30.09.1931
321		DB	Regensburg		+	09.11.1953

292 Amtliche Bemerkung durch RZA Berlin. „Wird als Werklok verwendet"
294 Eine vorherige Ausmusterung erfolgte beim Bw Senftenberg am 06.05.1931
312 Verkauft

94 322 - 351

Nr.		Bahn	Ort		Datum
322		DRB	Warburg	+	08.12.1932
323		DB	Passau	+	17.03.1954
324	→ 94.324	SZD .45	RBD Königsberg 04.33		
325		DRB	Königsberg	+	18.02.1927 *
326	→ 94.326	SZD .45	Königsberg Hbf 12.44		
327		DRB		+	1930
328		DRB	Fulda	+	22.05.1932
329		DRB (KS)	Merseburg	(+	14.09.1932) *
330		DRB	Senftenberg	+	18.02.1933 *
331		DRB	Weinheim	+	14.09.1931
332	→ 94.332	SZD .45	(*Weinheim* 09.31)		
333		DRB	Fulda	+	16.12.1933
334		DRB	Rothenburgsort	+	01.07.1933
335		DB	Osnabrück Hbf	+	09.11.1953
336	→ Tkw1-24	PKP .45	RBD Breslau/Oppeln .36		
337	→ Tkw1-11	PKP .45	Kohlfurt .41		
338		DB	Delmenhorst	+	09.11.1953
339		DB	Hannover-Linden	+	14.11.1951
340		DB	Kirchweyhe	+	14.11.1952
341		DB	Altenbeken	+	14.11.1952
342		DRB	Düsseldorf-Derendorf	+	17.07.1931
343		DRB	Neisse	+	06.05.1931
344		DRB	Meiningen	+	04.02.1931
345		DB	Osnabrück Hbf	+	17.03.1954
346		DB	Altenbeken	+	28.05.1954
347		DB	Ludwigshafen	+	13.08.1952
348		DRB	Fulda	+	04.05.1933
349		DRB	Fulda	+	28.02.1933
350		DB	Bremen-Walle	+	01.06.1953
351		DRB	Senftenberg	+	28.02.1932

325 Verkauft an Fa. Schichau
329 Ausmusterung laut RZA Berlin zurückgenommen! Lok wird nach 1945 bei DRB als Kriegsschadlok geführt.
330 Eine vorherige Ausmusterung erfolgte beim Bw Senftenberg am 06.05.1931

94 339

Schwartzkopff	4739/1911
Abnahme:	November 1911

24.03.1924 - 07.06.1927	Holzminden
10.06.1927 - 04.07.1927	RAW Darmstadt
05.07.1927 - 10.01.1946	Wesermünde-Geestemünde
11.01.1946 - .1948	Bremen-Walle
22.04.1948 - 07.08.1948	RAW Glückstadt L4
08.08.1948 - 14.02.1950	Hannover-Linden
15.02.1950 - 15.03.1950	EAW Glückstadt L2
16.03.1950 - Z	Hannover-Linden
14.11.1951	ausgemustert (HVB)

Kesselverzeichnis:

Schwartzkopff 4739/1911	ab	11.1911	neu mit Lok
Schwartzkopff 4916/1912	ab	17.05.1924	aus 94
Schwartzkopff 4662/1911	ab	30.11.1926	aus 94 321
Schwartzkopff 4844/1912	ab	07.08.1948	aus 94 319

Kessel-Verwendungsnachweis: Schwartzkopff 4844/1912

1912 - 08.08.1925	94 371
29.09.1925 - .04.1948	94 319
07.08.1948 - ++	94 339

Bemerkung:
Kessel 4916 angeliefert mit 94 401

Sammlung Günter Krall

94 352 - 381

352		DB	Passau	+	01.06.1953
353					VU
354		DRB	Köln-Kalk-Nord	+	01.12.1930
355		DRB	Köln-Kalk-Nord	+	01.12.1930
356		DRB	Aachen West	+	01.12.1930
357		DRB	Köln-Kalk-Nord	+	01.12.1930
358		DRB	Beuthen	+	20.04.1927
359	→ Tkw1-18	PKP .45	Gleiwitz .44		
360		DB	Münster	+	09.11.1953
361		DRB	Eidelstedt	+	01.07.1933
362		DB	Passau	+	01.06.1953
363		DRB	Mühldorf	+	01.04.1933
364		DB	Passau	+	01.06.1953
365		DRB	Vacha	+	01.04.1933
366		DB	Osnabrück Hbf	+	28.05.1954 *
367		DB	Münster	+	17.03.1954
368		DRB	Hannover-Linden	+	30.12.1932
369		DRB	Königsberg Hbf 12.44		
370		DRB	Hannover-Linden	+	30.12.1932
371		DB	Münster	+	17.03.1954
372		DB	Northeim	+	14.11.1952
373	→ Tkw1-19	PKP .45	RBD Königsberg 04.33		
374		DB	Passau	+	09.11.1953
375		DRB	Neisse	+	06.05.1931
376		DB	Ludwigshafen	+	18.10.1954
377		DRB	RBD Königsberg 04.33		
378		DB	Passau	+	09.11.1953
379		DB	Passau	+	17.03.1954
380		DB	Passau	+	18.10.1954
381		DB	Northeim	+	14.11.1952

366 Erste Ausmusterung bei DRB-Bw Wilhelmsburg am 14.09.1936, verkauft (1934 ?) an „Eutin-Lübecker-Eisenbahn (ELE)", Umbau 1938 bei BMAG und neue Fabrik-Nummer 10978, ab 01.01.1941 wieder bei DRB

382		DRB	Aachen West		+ 01.12.1930
383		DRB			1931
384		DRB	Mainz Hbf 09.31		*
385		DR	Haldensleben		+ 06.09.1960 *
386	→ 94.386	SZD .45	Tilsit 12.44		
387		DB	Altenbeken		+ 09.11.1953
388		DB	Delmenhorst		+ 17.03.1954
389		DB	Ludwigshafen		+ 01.09.1950
390		DRB	Eidelstedt		+ 01.07.1933
391		DB	Haltern		+ 09.11.1953
392		DB	Bremerhaven-Lehe		+ 11.01.1952
393		DRB	Aachen-Rothe-Erde		+ 06.05.1931
394		DRB	Aachen-Rothe-Erde		+ 06.05.1931
395		DRB	Mainz Hbf		+ 02.08.1931 *
396		DRB	Aachen-Rothe-Erde		+ 06.05.1931
397		DRB	Düsseldorf-Derendorf		+ 17.07.1931
398		DRB	Aachen West		+ 06.05.1931
399		DB	Regensburg		+ 09.11.1953
400		DB	Haltern		+ 09.11.1953
401		DB	Osnabrück Hbf		+ 14.11.1951
402		DRB	Fulda		+ 22.03.1934 *
403		DRB	Hannover-Linden		+ 18.01.1933
404		DR	Leipzig-Wahren	Z 26.11.64	+ 27.09.1966
405		DB	Osnabrück Hbf		+ 14.11.1951
406		DB	Münster		+ 09.11.1953
407		DRB	Meiningen		+ 01.04.1933 *
408		DB	Passau		+ 01.06.1953
409		DB	Münster		+ 09.11.1953
410		DB	Osnabrück Hbf		+ 14.11.1951 *
411		DRB	Aachen-Rothe-Erde		+ 06.05.1931

384 Nach 1931 als Heizlok in Falkenberg/Elster gemeldet
385 Mit Ausmusterungs-Verfügung von Rbd Halle verkauft an
„Kupfer-Kombinat Mansfeld", Eisleben als Werklok Nr. 60 (++ 1968)
395 Verkauft
402 Verkauft
407 Verkauft
410 Verkauft 1952 an „Mindener Kreis-Bahn (MKB)" als Lok Nr. 32 (+ 1961)

94 412 - 422

Im Bw Leipzig-Plagwitz entstand 1966 dieses Bild der 94 404, nachdem, sie schon fast 2 Jahre lang abgestellt war.
Foto: Michael Malke

412		DRB	Neisse	+	06.05.1931
413		DB	Hof	+	01.06.1953
414		DB	Hof	+	18.03.1955
415		DRB	Senftenberg	+	14.09.1932
416		DRB	Senftenberg	+	18.11.1932
417		DRB	Hoyerswerda	+	02.03.1935 *
418	→ Tkw1-20	PKP .45	RBD Breslau/Oppeln .36		
419		DRB	RBD Königsberg 04.33		
420		DRB	Weinheim	+	15.07.1931
421		DB	Altenbeken	+	09.11.1953
422		DB	Bremerhaven-Lehe	+	11.01.1952

417 Amtliche Bemerkung durch RZA Berlin: „Wird als Werklok verwendet für RAW Halle/Saale"

423		DRB	Gera Hbf		+	09.04.1931 *
424		DB	Ludwigshafen		+	14.11.1952
425		DB	Haltern		+	18.10.1954
426	→ 94.426	SZD n.47	(*Kamenz* .45), CSD/R .45-.47			*
427		CSD/R .45	(RBD *Breslau/Oppeln* .36)			
428		DRB	Vacha .		+	16.10.1933 *
429		DRB	Vacha		+	16.10.1933
430		DRB	Meiningen		+	18.03.1932 *
431		DRB	Coburg		+	04.04.1933 *
432		DRB	Leipzig- 31.01.36			
433		DRB KS	RBD Münster		+	14.06.1946
434		DB	Passau		+	28.05.1954
435		DB	Passau		+	18.10.1954
436		DB	Passau		+	28.05.1954
437		DB	Passau		+	01.06.1953
438		DB	Altenbeken	Z 17.08.52	+	01.06.1953
439		DB	Münster		+	09.11.1953
440		DB	Altenbeken		+	01.06.1953
441		DB	Bremen-Walle	Z 25.06.52	+	01.06.1953
442		DB	Ludwigshafen		+	09.11.1953
443		DB	Passau		+	14.11.1952
444		DB	Ludwigshafen		+	09.11.1953
445		DRB	Wetzlar		+	02.02.1934
446		DB	Mainz	Z 25.12.54	+	18.03.1955
447		DRB	Wetzlar		+	02.02.1934
448		DB	Ludwigshafen		+	13.08.1952
449	→ 94.449	SZD .45	Königsberg Hbf .40			
450		DRB	Rothenburgsort		+	16.06.1933
451	→ Tkw1-25	PKP .45	RBD Breslau/Oppeln .36			
452						VU

---

423 Verkauft 1931 an „Mecklenburgische Friedrich Wilhelm Eisenbahn (MFWE)" als Lok Nr. 37, verkauft 1935 an „Westfälische Landes Eisenbahn (WLE)" als Lok Nr. 109 (+ 1964)
426 Kohlfurt .41
428 Ausmusterung laut RZA Berlin zurückgenommen!
430 Verkauft
431 Verkauft

94 453 - 465   28

94 430 vom Bw Meuselwitz präsentiert sich ca. 1930 mit Belegschaft im Bahnhof Ronneburg.
Foto-Sammlung: Detlef Winkler

453		DR	Leipzig-Wahren	Z 29.01.64	+ 28.09.1964	
454	→ 94.454	SZD .45	(*Leipzig-* .40)			*
455	→ 94.455	SZD .45	Königsberg Hbf 12.44			
456	→ Tkw1-16	PKP .45	Königsberg Hbf 12.44			
457	→ 94.457	SZD .45	Tilsit 12.44			
458		DB	Northeim		+ 14.11.1952	
459		DRB	Weinheim		+ 01.10.1931	*
460		DB	Oldenburg Vbf		+ 28.05.1954	
461					VU	
462		DR	Leipzig-Wahren	Z 24.12.64	+ 25.03.1965	
463		CSD/R.45	(RBD *Breslau/Oppeln* .36)			
464		DRB	Falkenberg 31.01.36			
465		DRB .34	Umzeichnung 10.34 in 94 1378			*

454 Falkenberg 01.36
459 Verkauft
465 ex AL T16.1 8113, ab 1918 Baden 8113, falsch eingereiht als T16

94 466 - 470

Die T16-Lok Kattowitz 8114 erhielt 1924 in Frankreich (PLM) die Bezeichnung 5A-T6 und mit genau dieser Aufschrift - trotz 1938 erfolgter Umzeichnung bei der SNCF - sehen wir sie hier als DRB-Leihlok im Trümmerfeld des Coesfelder Rbf im Frühjahr 1945 wieder.

Foto-Sammlung: P.Dr.Daniel Hörnemann

466		DRB .34	Umzeichnung 10.34 in 94 1379		*
467		DRB .34	Umzeichnung 10.34 in 94 1380		*
468	→ Tkw1-1 Dz	PKP .40	DRB .41, Danzig .38		
469	→ Tkw1-1	PKP .40	DRB .41		
	→ 94.469	SZD .45	Von DRB/PKP an SZD		
470	→ Tkw1-2	PKP .40	DRB .41, Kattowitz .44		
		DR	Kamenz	+ 25.11.1946	*

466 ex AL T16.1 8115, ab 1918 Baden 8115, falsch eingereiht als T16
467 ex AL T16.1 8116, ab 1918 Halle 8180, falsch eingereiht als T16
470 Lok fuhr am 29.11.45 mit Zug auf nicht geräumten Blindgänger und explodierte

94 471 - 486

471	→ Tkw1-3	PKP .40	DRB .41, Tarnowitz 12.39				
	→ Tkw1-12	PKP .45					
472	→ Tkw1-4	PKP .40	DRB .41, Kattowitz .44, ÖBB .45				
	→ Tkw1-30	PKP .47	Von ÖBB an PKP 09.05.47				*
473	→ Tkw1-5	PKP .40	DRB .41, Morgenroth bis 01.45, ÖBB .45				
	→ Tkw1-37	PKP .48	Von ÖBB an PKP 23.09.48				*
474	→ Tkw1-6	PKP .40	DRB .41,				
	→ Tkw1-39	PKP .48	CSD/R .45-.47				
475	→ Tkw1-7	PKP .40	DRB .41, Königsberg Hbf .40				
		DR	Leipzig-Plagwitz		+	22.08.1964	*
476	→ Tkw1-8	PKP .40	DRB .41				
	→ Tkw1-21	PKP .45					
477	→ Tkw1-9	PKP .40	DRB .41, Morgenroth 12.39				
	→ Tkw1-32	PKP .47	CSD .45-.47				*
478	→ Tkw1-10	PKP .40	DRB .41,				
	→ Tkw1-22	PKP .45					
479	→ Tkw1-11	PKP .40	DRB .41,				
	→ Tkw1-35	PKP .47	CSD (vorl. Umzeichnung 535.0500) .45				
480	→ Tkw1-12	PKP .40	DRB .41, Tarnowitz 12.39				
	→ Tkw1-27	PKP .45					
481	→ Tkw1-15	PKP .40	DRB .41, Tarnowitz bis 01.45, ÖBB .45				
	→ Tkw1-38	PKP .48	Von ÖBB an PKP 24.09.48				*
482	→ Tkw1-16	PKP .40	DRB .41				
	→ Tkw1-23	PKP .45					
483	→ Tkw1-17	PKP .40	DRB .41, Tarnowitz 12.39;				
		DR	Mgb-Rothensee	Z	.45	+	01.07.1951 *
484	→ Tkw1-18	PKP .40	DRB .41,				
		DR	Leipzig-Wahren		+	04.01.1964	*
485	→ Tkw1-19	PKP .40	DRB .41, Morgenroth .44				
		DR	Leipzig-Wahren	Z	12.08.65	+	22.03.1966
486	→ Tkw1-20	PKP .40	DRB .41,				
	→ Tkw1-14	PKP .45					

472 Räumlok des Bw Kattowitz beim Bw Wels ab 02.45 (auch 05.45)
473 Räumlok der RBD Oppeln (Bw Morgenroth) beim Bw Villach ab 01.02.45, Graz/ÖBB .45, Richtung Osten .47
475 Mit Ausmusterungs-Verfügung von Rbd Halle verkauft an Braunkohle Kraftwerk Großkayna
477 Als Schrottlok ca. 1990 abg. in Chroscina Nyska/PKP, evt. für VM Warschau vorgesehen
481 Räumlok der RBD Oppeln (Bw Tarnowitz) beim Bw Villach ab 01.02.45 - (auch 05.45), Osten .47
483 Z-Stellung in Dresden-Friedrichstadt, als Z-Lok 04.06.48: Magdeburg-Rothensee
484 Mit Ausmusterungs-Verfügung von Rbd Halle verkauft an Kombinat Weißandt-Gölzau

94 487 - 490

487	→ Tkw1-21	PKP .40	DRB .41, Kattowitz 12.39				
	→ Tkw1-26	PKP .45					
488	→ Tkw1-14	PKP .40	DRB .41, Morgenroth .44				*
	→ 94.488	SZD .45	Von DRB/PKP an SZD				
489	→ B 9182	SNCB .40	DRB .41,				
		DB	Mainz	Z	20.01.55	+	18.03.1955
490	→ Tkw1-13	PKP .40	DRB .44, OBD Lemberg 08.44				
		DR	Leipzig-Wahren	Z	02.06.64	+	22.08.1964 *

Ursprünglich als T16 Elberfeld 8108 von der BMAG angeliefert, gelangte diese Lok 1922 zur BDZ, wo sie Matthias Nieke noch am 22.Juli 1980 im Depot Sofia aufnehmen konnte.

---

488 Im PKP-Umzeichnungsplan vom 14.02.1941 als Tkw1-50 vorgesehen
490 Mit Ausmusterungs-Verfügung von Rbd Halle verkauft an Kombinat Weißandt-Gölzau

Die Baureihe 94.5-17 (preußische T16.1)
94 501 - 1380, 1501 - 1740

Zwischen der T16, die einige Änderungen erfahren hatte - auch als verstärkte Bauart bekannt - und der T16.1 gab es keine gravierenden Unterschiede. Die auffallenste Abweichung der T16.1 zur T16 war der Abdampfvorwärmer, der längs auf dem Langkessel angebracht war. Zeitgleich mit dem Vorwärmer erhielten die Maschinen eine Kolbenspeisepumpe der Bauart Knorr: Durch diese und andere bauliche Maßnahmen stieg das Dienstgewicht der Lok auf 82,8 t und die mittlere Kuppelachslast auf 17 t: Dies führte zu einer neuen Gattungsbezeichnung und so wurde die T16.1 von der DRG als BR 94.5-17 übernommen. Die Beschaffung der T16.1 erstreckte sich bis in das Jahr 1924, bereits ab 1913 lieferte die Firma L. Schwartzkopff sowohl T16 als auch T16.1 aus. Neben Schwartzkopff, die den überwiegenden Teil bauten, waren auch die Firmen Grafenstaden, Hanomag, Henschel & Sohn sowie Linke-Hofmann am Bau der T16.1 beteiligt. Letztere Firma lieferte 1924 mit 94 1713 - 94 1740 auch die letzten T16.1 an die Deutsche Reichsbahn ab. Die T16.1 hatte zwei Aufgabengebiete, einmal den Rangierdienst, zum anderen den Steilrampendienst. Maschinen, die im Steilrampendienst eingesetzt waren, erhielten eine Riggenbach-Gegendruckbremse. Die T16.1 verdrängte überall dort die Zahnradlokomotiven, wo der Oberbau den Einsatz der T20 (spätere BR 95) nicht zuließ. Verschiedentlich machte sie aber auch der T20 das Aufgabengebiet streitig. So auch auf der Strecke Ilmenau - Schleusingen, wo 1923 Versuchsfahrten mit der T20 als auch der T16.1 stattfanden. Letztlich „siegte" die T16.1, die sich hier bis Anfang der 70er-Jahre hielt. Auf der 1911 eröffneten Steilstrecke zwischen Suhl und Schleusingen war die T16.1 sogar planmäßig bis 1974 eingesetzt.

Beim Bw Arnstadt waren die Loks der BR 94.5 bis 1974 im Einsatz. So konnte auch Michael Malke am 31.Juli 1971 noch eine davon ins rechte Bild rücken: 94 1521-7 ex 94 521.

Nach 1945 verblieben im Bereich der DB ca. 690 Loks der BR 94.5-17, von denen eine Anzahl stark beschädigter Maschinen ausgemustert wurden. Etwas unklarer waren die Verhältnisse bei der DR, wo wir aber nach heutigen Kenntnissen von ziemlich genau 252 Lokomotiven ausgehen können. Mit Beginn der 60er-Jahre schrumpfte bei beiden deutschen Bahnverwaltungen der Bestand infolge des Strukturwandels. Bei der DB waren zur Umstellung auf EDV-Nummern zum 01.01.1968 noch 144 Maschinen vorgesehen, von denen allerdings eine größere Anzahl nur auf dem Papier umgezeichnet wurde.

Bereits fünf Jahre später, am 01.01.1973 umfaßte der Bestand nur noch 12 Maschinen: Die letzten T16.1 der DB waren neben 94 1616, 1640 (Bw Ottbergen) die 94 1055 und 94 1730 (Bw Hamm, alle + 05.12.1974), wobei über das Schicksal der zuletzt genannten Lok an anderer Stelle berichtet wird. Bei der DR war neben 94 1175 vom Bw Meiningen (+ 05.05.1975) der 94 1601 des Bw Arnstadt die Ehre vergönnt, als letzte ihrer Art mit Wirkung vom 30.05.1975 aus dem Bestand auszuscheiden. Vorher waren im vorgesehenen Umzeichnungs-Plan der DR von 1970 immerhin noch 47 Maschinen zur Übernahme in das EDV-System ausgewiesen. Weitere Angaben über Einsatz und Betrieb sowohl bei DB als auch DR sind den hierüber im Buch enthaltenen Beschreibungen zu entnehmen.

Technische Daten der preußischen T16.1

Bauart	E h2	Überhitzerheizfläche	45,27 m²
Betriebsgattung	Gt 55.17	Heizrohrfläche	79,41 m²
Höchstgeschwindigkeit	40 km/h	Verdampfungsheizfläche	129,36 m²
Zylinderdurchmesser	610 mm	Achsstand der Lok	5800 mm
Treib- und Kuppelraddurchmesser	1350 mm	Länge über Puffer	12660 mm
		Masse der Lok, leer	68,0 t
Kesselüberdruck	12 bar	Masse der Lok, voll	84,9 t
Rostfläche	2,3 m²	Achslast	17,0 Mp
Anzahl der Heizrohre	137 Stück	Wasserkasteninhalt	8 m³
Strahlungsheizfläche	11,61 m²	Brennstoffvorrat	3 t

Die preußische T16 / T16.1 bei der DB

Die Deutsche Bundesbahn hatte nach 1945 von der T16-Gattung noch gerade 84 Stück im Bestand. Von den T16.1-Lok wurden hingegen insgesamt 688 Maschinen übernommen. Während die letzten T16 bereits 1954 aus dem Einsatzbestand gestrichen wurden und mit 94 489 vom Bw Mainz (Z 20.01.55) am 18.03.1955 das letzte Exemplar ausschied, war der T16.1 noch ein um 20 Jahre längeres Leben beschieden. Die letzten Vertreter der BR 94.5 schieden Ende 1974 aus dem Bestand der DB aus, wobei hier etwas praktiziert wurde, was bislang noch nie vorgekommen war. Man musterte die Loks bereits vor ihrer tatsächlichen Abstellung (= Z-Stellung) aus.
Dazu muß man wissen, daß die DB bestrebt war, als modernes Transportunternehmen dazustehen. Und zu so einem Unternehmen paßte einfach keine Dampflokomotive. So wurden mit Verfügung vom 05.12.1974 insgesamt 61 Dampflokomotiven verschiedener Baureihen ausgemustert, von denen 16 Stück erst nach jener Anordnung abgestellt wurden. Darunter befanden sich auch die letzten Exemplare der T16.1. Noch fristgerecht am 02.12.1974 stellte das Bw Ottbergen die 094 616 und 094 640 ab, das Bw Hamm jedoch unzeitgemäß am 24.12.1974 die 094 055 und 094 730. Letztere kam zudem nach ihrer Ausmusterung mit einer Sondergenehmigung noch ein weiteres Mal zum Einsatz. Im Juni 1975 schob sie zusammen mit der 078 246 mehrere Sonderzüge über die

„Schiefe Ebene" von Neuenmarkt-Wirsberg nach Marktschorgast, ehe sie vereint mit 012 061, 023 019 und 078 246 im Rundschuppen des ehemaligen Bw Neuenmarkt-Wirsberg hinterstellt wurde. Dort, im heutigen Dampflokomotiv-Museum (DDM), ist sie mit über 20 weiteren Baureihen museumsgerecht aufgearbeitet zu bewundern.

Bei einer Betrachtung über den Einsatz bei den einzelnen Direktionen kann die T16 übergangen werden. Sie spielte im Bestand der DB nur noch eine untergeordnete Rolle und ist aufgrund ihrer frühzeitigen Ausmusterung ohnehin nur noch jenen Eisenbahnfreunden in Erinnerung, die heute ein Alter von über 60 Jahren überschritten haben. Konzentrieren wir uns deshalb bei dieser Ausarbeitung mehr auf die T16.1, welche ja noch in vereinzelten Exemplaren bis 1974 bei der DB im Einsatz stand.

Vorweg sei dabei angemerkt, daß die T16.1 im Gegensatz zu anderen Bundesländern in Bayern und im Saarland keinerlei große Dominanz besaß.

Bei der **BD Augsburg** war die BR 94.5 bis 1950 überhaupt nicht vertreten. Danach wurde sie jedoch sowohl beim Bw Augsburg als auch beim Bw Nördlingen heimisch, kurzfristig auch beim Bw Neu Ulm.

Zum 01. Januar 1969 wurde die BD Augsburg als erste ihrer Art bei der DB als „dampffrei" proklamiert, was sogar dem Fernsehen einen Beitrag mit dem Auszug der letzten Dampfrösser wert war. Doch die aufstrebende Konjunktur machte der DB einen Strich durch die Rechnung. Allgemeiner Lokmangel zwang die Führungsetage der DB dazu, auch wieder in der BD Augsburg Dampflokomotiven zu beheimaten. Neben Lokomotiven der BR 50 kamen so auch wieder ab dem 30.06.1970 zwei T16.1-Loks zu der unverhofften „Ehre" zum Bestand des Bw Augsburg zählen zu dürfen. Dies waren die 94 1055 und 94 1134, natürlich EDV-gerecht als 094 055-1 und 094 134-4 umgenummert.

Im Bereich der **BD Essen** fand die T16.1 sachgemäß ein reiches Betätigungsfeld, vor allem im Verschubdienst und vor Übergabefahrten. Diese führten von und zu den zahlreichen Zechen und Stahlwerken. Zu den BR 94.5-Bw zählten: Bochum-Dahlhausen, Bochum-Langendreer, Dortmund Vbf (später Rbf), Essen-Kupferdreh, Essen-Nord, Gelsenkirchen-Bismarck, Hamm Gbf, Herne, Holzwickede, Oberhausen-Osterfeld Süd, Oberhausen West, Paderborn, Soest und Wanne Eickel.

Neuanlieferungen der Diesellokomotiven der Baureihe V60 und vor allem der V90 im Verschiebedienst sowie durch Elektrifizierung freigewordene Dampfloks der BR 50 ließen den Bedarf an 94ern im Ruhrgebiet spürbar sinken. Am 01. Juni 1970 waren noch 17 T16.1-Loks hier vorhanden (zum Vergleich: 142 Stück im Jahre 1950), die sich auf drei Bahnbetriebswerke verteilten. Dortmund, Hamm und Wanne Eickel. Dabei zählten 4 Maschinen hiervon allerdings schon zum Z-Bestand.

Wie schon berichtet stellte man am 24.12.1974 beim Bw Hamm mit 094 055 und 094 730 die letzten T16.1 bei der BD Essen ab. Damit war nicht nur die Geschichte der BR 94.5 im Ruhrpott sondern auch bei der DB beendet.

Bei der **BD Frankfurt** war die T16.1 nach 1945 in sechs Bw zu finden. So wurde sie auch beim Bw Darmstadt-Kranichstein im Verschub eingesetzt. Abgelöst wurde sie (wie fast überall) von der V60.

Beim Bw Dillenburg stand die 94.5 bis Anfang der 70er-Jahre im Einsatz. Was für das Bw Hof die Baureihe 01 darstellte - nämlich das Ziel zahlreicher Eisenbahnfreunde -, das stellte beim Bw Dillenburg die T16.1 dar! So beheimatete Dillenburg für den Steilstreckendienst auf der Schelde-

094 652 aus Dillenburg war am 22. Februar 1969 mit dem Personenzug 3175 in Gönnern am Ende ihrer Fahrt angekommen.   *Foto: Ludwig Rotthowe*

talbahn Dillenburg - Wallau/Lahn einige 94er mit Gegendruckbremse. Eine weitere Einsatzstrecke war die Nebenbahn Dillenburg - Ewersbach. Die Ablösung erfolgte hier durch die V100.
Das Bw Limburg beheimatete zwischen 1945 und 1950 ebenfalls kurzfristig vier Loks der BR 94.5. In Gießen und Wetzlar kam die T16.1 im Rangierdienst zum Zuge.
Das Bw Weinheim war für die Bespannung der Züge der Odenwaldstrecken zuständig. Am 01.10.1958 wurde es dem Bw Darmstadt als Lokbahnhof unterstellt. Hier geschah die Ablösung durch den Schienenbus und durch die Baureihe 65 des Bw Darmstadt.
In der **BD Hamburg** konzentrierte sich der Einsatz besagter Maschinen vor allem auf den Großraum Hamburg. Der Verschub in den weitläufigen Hafenanlagen und auf den Rangierbahnhöfen sowie Nahgüter- und Übergabezüge gehörten zum Aufgabenbereich dieser Lokomotivgattung. Beheimatet waren die Loks im Bw Hmb-Harburg, Eidelstedt, Rothenburgsort und Wilhelmsburg. Auch die als Nachfolgebaureihe gedachte Reihe 82 war in Wilhelmsburg stationiert, wobei die T16.1 jedoch ihre „Nachfolgerin" überlebte!
Auch beim Bw Flensburg waren einige 94.5 beheimatet, am 01.10.1953 waren es fünf Stück.
Als erstes Bw gab Hamburg-Harburg seine 94.5 ab und tauschte sie gegen V60-Diesellok ein. Es folgten Hamburg-Eidelstedt zum September 1964 und Flensburg im Mai 1965. Zuvor konnte man für einige Monate im Jahre 1964 auch sieben T16.1 beim Bw Neumünster antreffen.
Zum 24.09.1967 gab das Bw Hamburg-Wilhelmsburg die Dampflokunterhaltung auf. Zuständig für die vorhandenen Lokomotiven und deren Unterhaltung war nun das Bw Hamburg-Rothenburgsort. Der allgemeine Lokmangel im Jahre 1969 bescherte auch dem Bw Flensburg nochmals einige T16.1. Ab dem 01.06.1969 waren bis 1970/71 die 094 110, 308 und 378 hier beheimatet. Als letztes Hamburger Bw gab schließlich Rothenburgsort die Dampflokunterhaltung auf. Von den zehn noch vorhandenen 94.5 standen aber sieben bereits auf „z", sie wurden buchmäßig dem Bw Hamburg

Zur Direktion Karlsruhe gehörte auch das Bw Radolfzell, dessen 94 1254 am 2. Mai 1967 eine Rangierpause in Singen einlegte.   *Foto: Ludwig Rotthwoe*

Hbf zugeteilt. Die restlichen drei betriebsfähigen Exemplare (094 616, 640 und 712) kamen zum Bw Lehrte.
In wesentlich mehr Bahnbetriebswerken als bei der BD Hamburg war die Baureihe 94.5 bei der **BD Hannover** aufgrund ihrer flächenmäßigen Größe beheimatet. Dies waren Altenbeken, Bremen Hbf, Bremen-Walle, Bremerhaven-Geestemünde, Goslar, Gütersloh, Hameln, Hannover Hgbf, Hannover-Linden, Lehrte, Löhne, Northeim, Ottbergen und Seelze. Die meisten Maschinen waren jedoch im Raum Bremen und Hannover beheimatet.
Ab Mitte der 60er-Jahre nahm auch hier der Bestand der BR 94.5 durch Anlieferungen der Baureihen V60 und V90 drastisch ab. Zu Beginn der 70er-Jahre konnten nur noch Goslar und Lehrte 94er vorweisen.
Letztlich beheimatete das Bw Lehrte am 28.05.1972 vier T16.1, von denen zwei in Oker und Seesen planmäßig eingesetzt wurden.
Nachdem die Unterhaltung der BR 94 beim Bw Lehrte aufgegeben wurde, gelangten die restlichen Exemplare zum Bw Ottbergen, welches am 02.12.1974 mit 094 616 und 094 640 die letzten T16.1 der BD Hannover abstellte.
In der **BD Karlsruhe** zählten die Bw Freiburg, Karlsruhe Rbf, Mannheim Rbf, Offenburg, Radolfzell, Singen und Waldshut zu den Dienststellen, welche die BR 94.5 im Bestand hatten.
Formgemäß gehörten in Karlsruhe, Mannheim, Offenburg und Singen der Verschubdienst auf den großen Rangierbahnhöfen zu den Aufgaben der 94er.
Mit Ausnahme des Bw Mannheim schieden die Lokomotiven bei allen anderen Bw bis Mitte der 60er-Jahre aus. Immerhin wurden dort noch 13 Loks mit der neuen Baureihenbezeichnung „094" umgezeichnet, wenngleich am 03.07.1969 die letzten Vertreterinnen ihrer Art (094 043-7 [Umbeheimatung nach Wanne Eickel], 094 254-0 [Z-Stellung] und 094 344-9 [Umbeheimatung nach Hamm]) abgestellt wurden.
Zu der **BD Kassel** gehörten nur vier Bahnbetriebswerke, welche T16/T16.1 Loks nach 1945 im Bestand führten. Diese waren in geringer Stückzahl bei den Bw Eschwege West, Kassel, Marburg/Lahn und Treysa beheimatet.
Bereits 1948 schieden die letzten 94.2 hier aus und im Sommer 1950 wurden die letzten T16.1 gegen Loks der Baureihe 56.2 ausgetauscht.
Zuvor hatte das Bw Eschwege West mit 12 Loks mit Abstand den größten 94er-Bestand.
Im Bereich der **BD Köln** waren Anfang der 50er-Jahre die T16.1 auf drei Bahnbetriebswerke verteilt. Aachen Hbf (6 Stück), Gremberg (1) und Hohenbudberg (6).
Das Bw Aachen Hbf setzte seine 94er außer im schweren Verschub auch auf der Rampe Aachen Süd - Herzogenrath im Schiebedienst ein. 1955 zog man die T16.1 hier ab, Nachfolgerin im Rangierdienst wurde die BR 55.25, im Rampendienst die Baureihen 50 und 93.5.
Beim Bw Hohenbudberg hielt sich die 94.5 immerhin bis 1970, als letzte verließ 094 360 das Bw.
Auch hier übernahmen die Nachfolge neben der Baureihe 55.25 die Diesellokomotiven der Reihen V60 und V90.
Nie so recht anfreunden mit der BR 94 konnte man sich hingegen beim Bw Gremberg, im schweren Verschubdienst zog man jahrzehntelang die BR 55.25 vor.
Das Bw Stolberg war eine weitere Heimat-Dienststelle unserer 94.5, bis Anfang der 70er-Jahre konnte man sie hier antreffen. 094 062 stellte man hier am 01.04.1970 als letzte T16.1 ab.
Kurzfristig waren 1970/71 auch beim Bw Neuß (1) und Bw Köln-Eifeltor (3) 94er stationiert.
Innerhalb der **BD Mainz** war die BR 94.5 in zahlreichen Bw vertreten, so in Altenkirchen/W, Betzdorf, Bingerbrück, Engers, Kaiserslautern, Koblenz-Mosel, Linz/Rh, Ludwigshafen und Oberlahnstein.

Bis 1968 konnte man auch beim Bw München Ost die T16.1-Loks antreffen. Die Aufnahme zeigt 94 534 in den dortigen Betriebsanlagen am 29.März 1967.   Foto: Dr.Werner Söffing

Im Oktober 1960 zuckelte die 94 1647 über die Kanalbrücke bei Hiltrup im Zuge der Strecke Münster - Hamm. Die Lok erhielt noch eine EDV-Nummer und wurde erst 1968 beim Bw Wuppertal-Vohwinkel ausgemustert.   Foto: Ludwig Rotthowe

Beim Bw Altenkirchen hatte die T16.1 um 1950 die Alleinherrschaft. Ende 1951 wurden zur Ergänzung die Neubau-Dampflokomotiven 82 005, 020 und 021 zur Unterhaltung zugewiesen. Das Gastspiel der T16.1 endete beim Bw Altenkirchen (vorläufig) dann im Jahre 1956. Der Schienenbus und die Baureihe 93.5 hatten die Nachfolge komplett angetreten. - Zum 22.05.1966 löste man das Bw als selbständige Dienststelle auf und unterstellte es dem Bw Koblenz-Mosel. Von dort kamen 1971 nochmals drei 094 nach Altenkirchen, welche im Frühjahr 1972 durch die Baureihe V90 abgelöst wurden.
Zum Bw Oberlahnstein wäre noch anzumerken, daß dieses ab dem 03.10.1954 auch für die Außenstelle Linz/Rh zuständig war, und somit seither auch die 94er-Loks für die Steilstrecke Linz - Kalenborn stellte.
Im Bezirk der **BD München** gab es praktisch nur zwei Bw, die einen nennenswerten Bestand an 94-Lokomotiven hatten: München Ost und Mühldorf. Ende der 50er-Jahre waren jedoch einzelne Maschinen auch bei den Bw Freilassing und Garmisch zu finden.
In München Ost und Mühldorf setzte man die 94.5 vor allem im Rangierdienst ein. Dabei waren die Maschinen des Bw München Ost in München Ost Rbf sowie im Eilgüterbahnhof München Süd zu finden.
Im Juli 1967 stellte das Bw Mühldorf mit 94 1551 seine letzte T16.1 ab, aber noch im September 1968 war die ebenfalls zu diesem Datum z-gestellte 94 1214 neben der schweren Güterzuglok 45 023 dort abgestellt zu sehen.
Beim Bw München Ost konnten sich die 94er bis 1968 halten. In diesem Jahr gab man 094 134 nach Crailsheim und 094 681 nach Mannheim ab.
094 184 verblieb als letzte T16.1 (Reservelok) in München und gelangte erst im September 1970 zum Bw Saarbrücken.
In der **BD Münster** waren nach dem Krieg T16/T16.1 in den Bw Delmenhorst, Emden, Haltern, Kirchweyhe, Münster, Oldenburg Vbf, Osnabrück Hbf, Osnabrück Rbf, Rahden und Rheine zu finden. Auch hier musterte man die T16 bis 1954 aus, während die T16.1-Lok in den Bw Münster, Oldenburg Vbf und Osnabrück Vbf zusammengezogen wurden.
Bereits im Mai 1961 wurde mit 94 887 die letzte 94er in Oldenburg auf „z" gestellt, die Außenstelle Haltern des Bw Münster gab mit 94 1561 im September 1963 die letzte ihrer Art nach Osnabrück ab.
Zum 29.09.1968 wurde auch das Bw Osnabrück Rbf dampffrei, die letzten vier vorhandenen 94er wurden dem Bw Rheine zugewiesen. Bereits im Dezember 1969 war hier ebenfalls das Zeitalter der T16.1 beendet.
Beim Bw Emden, welches bekanntlich eine Reihe von Loks der BR 82 im Bestand hatte, sorgte die vorzeitige Abstellung dieser Maschinen dafür, daß unsere T16.1 hier nochmals zum Zuge kam. So waren in den Jahren 1970 - 1972 hier mehr oder weniger unerwartet insgesamt noch acht 94.5 zu finden.
In nur vier Bahnbetriebswerken war die T16.1 innerhalb der **BD Nürnberg** anzutreffen: Aschaffenburg, Lichtenfels, Würzburg und Coburg.
Den größten Bestand hatte das Bw Aschaffenburg, welches seine 94er außer im Rangierdienst auch im Schiebedienst auf der Rampe Laufach - Heigenbrücken zusammen mit der Baureihe 95 einsetzte.
Das Bw Lichtenfels hatte 1949 die 94 1054, 1055 und 1057 im Bestand, der sich bis zur Abgabe der Loks im September 1967 nicht änderte.
Das Bw Würzburg setzte im Verschub vor allem die Baureihe 55.25 ein, erhielt jedoch ab Ende 1957 wieder T16.1, die bis Januar 1966 nun ebenfalls in diesem Dienst eingesetzt wurden.
Letztlich bleibt noch das Bw Coburg aufzuführen, das von 1950 bis 1958 die 94 1201 beheimatete.

Im Bw Wuppertal-Vohwinkel stand 094 651 am 8. September 1969 vor dem großen Rundlokschuppen, als Dieter Lindenblatt sie fotografierte.

Bei der **BD Regensburg** waren nach 1949 nur Lokomotiven der T16-Gattung stationiert, welche sich auf die Bw Hof, Passau und Regensburg verteilten. Bereits Mitte 1955 waren keine 94.2 mehr im Regensburger Bezirk zu finden, nachdem die wenigen vorhandenen T16.1 bereits Anfang 1949 diese Wirkungsstätte verlassen hatten.
Ebenso wie bei den bayerischen Direktionen war die Baureihe 94 im Saarland bzw. bei der **BD Saarbrücken/Trier** nur in wenigen Exemplaren vertreten. Lediglich das Bw Ehrang hatte nach dem Krieg einen bescheidenen Bestand vorzuweisen. 1959 stellte man auch hier die letzte Lok ab. Erst zehn Jahre später, als die Konjunktur plötzlich „boomte" und allgemeiner Lokmangel sich bemerkbar machte, wurden wieder einige 94er hier heimisch. Kurzfristig waren in Dillingen (1) und in Saarbrücken (2) erneut T16.1-Lok anzutreffen.
Einen unerwarteten Bekanntheitsgrad bei den Eisenbahnfreunden erhielt vor allem das Bw Mayen, welches den größten Teil seiner 50er-Dampfloks abgeben mußte und dafür als Ersatz die Baureihen 078, 086 und 094 erhielt. So waren hier 094 712, 094 720 und 094 937 von 1970 bis zum 14.05.1971 beheimatet. An diesem Tag gab man alle drei Maschinen an das Bw Hamburg-Rothenburgsort ab und ersetzte sie wieder durch die Baureihe 50.
Von den acht Bahnbetriebswerken, die in der **BD Stuttgart** die BR 94 beheimateten, dürfte wohl das Bw Freudenstadt das bekannteste gewesen sein. Die Steilstrecke Rastatt - Freudenstadt erforderte nämlich Maschinen mit Gegendruckbremse. Neben der T16.1 waren ab 1955 hier auch 82 040 und 82 041 beheimatet. Vor schweren Reisebürosonderzügen waren nicht selten bis zu drei Loks der Baureihen 82 und 94 zu beobachten. Außer in Freudenstadt war die 94.5 auch in den Bw Aalen, Crailsheim, Friedrichshafen, Heilbronn, Kornwestheim, Tübingen und Ulm zu finden. Im EDV-Zeitalter hatten aber lediglich Crailsheim und Heilbronn noch 094er im Bestand.

Crailsheim gab am 12.05.1970 die 094 134-4 als letzte nach Augsburg ab, Heilbronn musterte mit 094 243-4 am 10.07.1969 das einzig übrig gebliebene Exemplar aus.
Schließlich aufzuführen bleibt noch die **BD Wuppertal**, die ihre 94.5 in vier Bahnbetriebswerken konzentrierte. Düsseldorf-Derendorf, Schwerte, Hagen-Vorhalle und Wuppertal-Vohwinkel. Wie in den meisten Fällen bei anderen Direktionen wurde auch hier die T16.1 durch die Dieselloks BR V60 verdrängt. Beim Bw Düsseldorf-Derendorf endete bereits am 25.09.1966 die Dampflokunterhaltung, die vorhandenen 94er gingen zum Bw Wuppertal-Vohwinkel über. Zuvor hatte am 01.01.1966 das Bw Hagen-Vorhalle seine Dampfloks an das Bw Hagen Gbf abgetreten, welches im Mai 1967 die noch betriebsfähigen 94er an das Bw Wuppertal-Vohwinkel weiterreichte. Die 094 730-9 konnte noch 1972 als Einzelexemplar hier angetroffen werden.

Die preußische T16 / T16.1 bei der DR

Über die genaue Anzahl der bei der DR verbliebenen T16/T16.1 liegen folgende Angaben vor: Insgesamt dürften ziemlich genau 250 Lok dieser Gattungen im Bereich der damaligen SBZ verblieben sein. Nach unseren Zählungen kann dabei von 18 T16 und somit 232 T16.1 ausgegangen werden. Diese wurden im Zuge der Typenbereinigung im Sommer 1947 auf die Direktionen Erfurt und Halle konzentriert.

Bei der **Rbd Dresden** war die Gattung T16/T16.1 vor allem auf den großen Rangierbahnhöfen Dresden-Friedrichstadt, Chemnitz-Hilbersdorf und auch Glauchau zu finden. Wie oben aufgeführt wurden sie im Sommer 1947 hier abgezogen, die Baureihe 94 repräsentierte nun nur noch die sä.XI HT (BR 94.20).

Nach 1947 hatten eine ganze Reihe von Bw in der **Rbd Erfurt** Lokomotiven dieser Gattungen über einen kürzeren oder längeren Zeitraum im Bestand. Arnstadt, Eisenach, Erfurt Pbf, Gotha, Meiningen, Naumburg/ Saale, Nordhausen, Probstzella, Saalfeld, Sangerhausen, Suhl, Vacha und Weimar.
Bei den Bw Arnstadt und Suhl, später Bw Meiningen/Lokbahnhof Suhl kam die 94.5 auf den Steilstrecken Ilmenau - Schleusingen und Suhl Schleusingen zum Einsatz. Bei den anderen Bahnbetriebswerken standen in erster Linie Verschub und Nahgüterzüge auf dem Programm.
Mit dem Auftauchen der Diesellokkonkurrenz in Form der Baureihe V60 begann Mitte der 60er-Jahre die Ausmusterung der T16.1; lediglich in Arnstadt und Meiningen/Suhl konnten sich unsere 94er bis Mitte der 70er-Jahre behaupten. Auch beim im Sperrgebiet gelegenen Bw Vacha war die T16.1 bis in die 70er-Jahre im Einsatz. Für die am 14.06.1973 ausgemusterte 94 1346 kam als Ersatz vom Bw Arnstadt 94 1013 (10.03.1973 - 10.02.1974). Nach Arnstadt zurückgekehrt folgte am 09.03.1974 die Abstellung mit „w L3" sowie mit Verfügung HvM MfV 44/1974 die Ausmusterung am 13.05.1974.
Nachdem die Diesellok-Baureihe 118 die Zugförderung zwischen Ilmenau und Schleusingen übernommen hatte, verblieb der 94.5 nur noch die Strecke Suhl - Schleusingen, die den meisten Eisenbahnfreunden sicherlich noch gut in Erinnerung sein dürfte. Mit Beginn des Winterfahrplans 1974/75 übernahm auch hier die BR 118 das Kommando, so daß das Ende der letzten T16.1 in Sicht war. 1975 musterte das Bw Meiningen mit 94 1175 (+ 05.05.1975) und 94 541 (+ 30.05.1975) die letzten Exemplare aus. Beim Bw Arnstadt war dies 94 1601 (+ 30.05.1975).
Erhalten blieb die 94 1292, die zum Bestand der Traditionslokomotiven der DR gehörte. Jahrelang blieb sie im Lokschuppen des ehemaligen Bw Suhl abgestellt, ehe sie 1977 wieder betriebsfähig aufgearbeitet wurde und seitdem für Sonderfahrten zur Verfügung steht.

Die **Rbd Halle** war ein weiterer Schwerpunkt der T16/T16.1. Hochburg war der Raum Leipzig mit seinen Verschiebebahnhöfen Engelsdorf, Plagwitz und Wahren. So hatten fast alle Leipziger Bw 94er im Bestand, manche aber nur kurzfristig und in geringer Stückzahl: Leipzig-Engelsdorf, Leipzig Hbf Süd, Leipzig Hbf West, Leipzig Bayr Bf., Leipzig-Plagwitz und Leipzig-Wahren. Daneben waren T16.1 auch in folgenden Bw beheimatet: Altenburg, Bitterfeld, Eilenburg, Elsterwerda, Falkenberg, Großkorbetha, Halle Gbf, Halle Pbf, Merseburg, Meuselwitz, Röblingen, Wittenberg und Zeitz. Durch Zuteilung von Diesellokomotiven konnte man auch hier ab Mitte der 60er-Jahre auf die Baureihe 94 verzichten. Soweit sie nicht abgestellt wurden, gab man sie an die Rbd'en Greifswald und Schwerin ab. 1968 musterte man die letzten Exemplare aus, in Altenburg 94 877, in Eilenburg 94 1354, in Falkenberg 94 858, Leipzig Hbf Süd 94 1173, Leipzig-Wahren 94 811 und schließlich in Merseburg 94 1011, 1049 und 1374.

In der **Rbd Greifswald** wurde die 94.5 erst in den 60er-Jahren beheimatet, nachdem sie im Süden der Republik überflüssig geworden war.

Angermünde, Eberswalde, Neubrandenburg, Pasewalk, Saßnitz, Stralsund und Templin gehörten zu den T16.1-Dienststellen. Verschubdienste und Nahgüterzüge gehörten auch hier zum Tätigkeitsbereich. Doch bereits bis 1968 waren die meisten Maschinen ausgeschieden, die letzten Loks (94 1031 Bw Pasewalk, 94 927 bis 12.12.68 beim Bw Angermünde, 94 1662 Bw Saßnitz, 94 1665 Templin) und 1970 (94 938 und 1555, beide Bw Stralsund) ausgemustert.

Im Bezirk der **Rbd Magdeburg** beschränkte sich der Einsatz der Baureihe 94 im Großen und Ganzen auf dem Raum Magdeburg mit seinen Verschiebebahnhöfen Buckau und Rothensee. Vor allem das Bw Magdeburg-Rothensee beheimatete eine größere Anzahl T16.1, daneben waren in Haldensleben einige T16 vorhanden. Kurzfristig waren 94er auch in Blankenburg/Harz, Dessau, Oebisfelde und Stendal zu finden. Bis 1967/68 musterte man hier alle Maschinen aus, sofern sie nicht an andere Bw abgegeben wurden. Letzte T16.1 im Magdeburger Bereich waren 94 1331 vom Bw Magdeburg-Rothensee, die per 21.03.1969 aus den Listen gestrichen wurde sowie die 94 876, deren Ausmusterung erst 1972 erfolgte.

Auch in der **Rbd Schwerin** wurde die 94.5 erst heimisch, als man in den Bezirken Halle und Erfurt auf sie verzichten konnte. In Barth (94 579), Hagenow Land, Rostock, Waren/Müritz, Wismar und Wittenberge war die T16.1 in mehr oder weniger großer Zahl vertreten. Aber auch hier war ihr kein langes Leben mehr beschieden, denn wie überall bei der DR machte ihr der Einzug der Diesellok-Konkurrenz das Aufgabengebiet streitig. Gleichfalls wie auch in den anderen Direktionen - mit Ausnahme der Rbd Erfurt - musterte man in großen Schüben 1967 und 1968 die meisten aus. Die Wittenberger 94 1145 wurde als eine der letzten am 31.01.1969 zur Ausmusterung freigegeben.

Vielen Eisenbahnfreunden waren die letzten Einsätze der T16.1 auf den Steilstrecken im Thüringer Wald eine Reise wert. Noch im August 1971 konnte man 94 1541 im Lokbahnhof Schleusingen beim Warten auf ihren weiteren Einsatz betrachten.   *Foto: Bernd Wüstemann*

In der Rbd Halle beheimatete u.a. das Bw Leipzig Hbf Süd Lokomotiven der Baureihe 94. In Leipzig entstand auch die Aufnahme der 94 1287.   *Foto: Sammlung M. Malke*

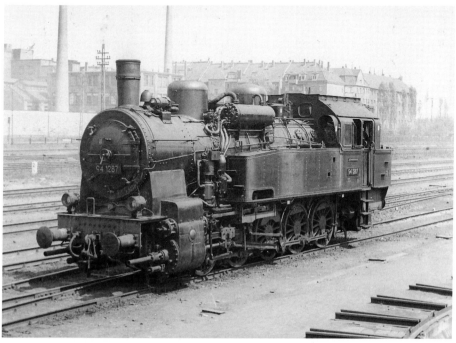

Eindrücke vom Lokeinsatz der pr. T16 / T16.1 bei der DR

Von Reiner Scheffler

Die im Zeitraum von 1905 bis 1915 geschaffene T16, als auch deren leistungsverbesserte T16.1 (Zeitraum 1913-1924) war ab 1945 bei der DR mit einer Anzahl von knapp 250 Stück vertreten. Dabei war die echte T16 (94.2-4) aufgrund ihrer bereits frühzeitigen Ausmusterung bei der DRB naturgemäß in einer Minderheit.
Allgemein betrachtet waren die T16-Maschinen echte Rangier- und Bergschlepplokomotiven der großen Rangierbahnhöfe. Sie wurden bei kleineren Beheimatungsstellen aber auch im Zugdienst der Nebenbahnen eingesetzt, wo sie sich oft ihre Leistungen mit der preuß. T14 (93.5-12) teilen mußten.
Im Rangierdienst waren Trennungen von T16 und T16.1 nicht vollzogen worden. Lediglich im Streckeneinsatz der Rbd Erfurt wurden nur T16.1 verwendet.
Bereits bei der 1945 von der DR veranlaßten Lokbestandsaufnahme war ersichtlich, daß die T16-Maschinen weit verstreut anzutreffen waren. Dabei waren zwei „Hochburgen" dieser fünffach gekuppelten Lokgattung auszumachen - der Berliner Raum und der Thüringer Streckenbereich. So gab es keinen Berliner Rangierbahnhof ohne T16 und die Thüringer Bw's von Arnstadt, Gotha, Suhl, Meiningen als auch einiger Streckeneinsatzstellen hatten für den Rangier-, Überführungs- und Bergstreckeneinsatz zahlreiche T16.1-Maschinen. Lediglich der äußerste Norden und der Magdeburger Raum war mit T16-Lok „dünn" besiedelt. Dafür war erstaunlich, daß die preuß. T16 recht stark im sächsischen Raum vertreten war, obwohl für die gleiche Leistung dort die (sä.) XI HT (94.19-21) zum Einsatz kam.
Doch wollte man in Dresden, Aue und Chemnitz auf die „Preußen" nicht verzichten, weil einfach nicht genug sächsische 94er vorhanden waren und Personale den „Nordländer" heimlich verehrten, weil er schlichtweg „laufwendiger (= flinker) war", als die „grobe" XI HT.
In den ersten Lokomotiv-Gattungsbereinigungsjahren (1949-1951) der DR verschwand die T16 im sächsischen Süden und wurde dafür verstärkt im Leipziger Raum der Rbd Halle eingesetzt.
Bis auf geringe Einsatzänderungen blieb die T16 in den 50er und 60er Jahren ihren Zentren als auch dem bergigen Streckenbereich Thüringens treu. Lediglich in Berlin trat die 94er bereits 1947 den Rückzug an, wurde von der T14 (BR 93.0) verdrängt und zerstreut im Raum der Rbd Greifswald heimisch.
Auf den kleineren Einsatzstellen wurden die 94er nunmehr immer mehr zum „Mädchen für alles". Während der 60er-Jahre war z.B. das an sich kleine Bw Röblingen am See (Rbd Halle) eine Domäne der T16.1.
Bereits ab 1965 wurden die 94.2-4 ausgemustert. Nahezu abrupt folgten - von der Diesellok-Baureihe V 60 ersetzt - ab 1967 die 94.5-17.
Ab 1970 hatten nur noch die Thüringer Bw's von Arnstadt (Streckenbereich Ilmenau) und Meiningen (Bereich Schleusingen) feste T16.1-Umläufe zu bieten. Einige Einzelgänger befanden sich außerdem noch in Angermünde und Stralsund.
1974/75 wurden auch in Thüringen die letzten ihrer Gattung außer Dienst gestellt. Übrig blieb die als Traditionslok aufgearbeitete 94 1292 und die lange Zeit verborgen gehaltene 94 249, die bis 1966 beim Bw Halle P im Einsatz war und nun als rollfähige Museumslok hin und wieder noch bei Ausstellungen zu finden sein wird.

Zwei Aufnahmen sollen den letzten Einsatzschwerpunkt der Baureihe 94 bei der Deutschen Reichsbahn in Thüringen dokumentieren:
Oben kommt 94 1541 am 31. Juli 1971 mit ihrem Personenzug in Schleusingen an. Am Zugschluß ist noch die 94 1994 zu erkennen. Beide Maschinen gehörten zu diesem Zeitpunkt zum Bw Meiningen.
Auf der unteren Aufnahme ist die Meininger 94 1883 am 3. November 1973 vor einem Personenzug in der typischen Landschaft des Thüringer Waldes bei Hirschbach zu sehen.
Beide Aufnahmen: Sammlung Peter Melcher

94 501 - 508

Verbleibsliste der Baureihe 94.5-18 (T.16.1)

501		DRB	Essen Nord			+	18.06.1931 *
502		DB	Oldenburg Vbf	Z	27.11.58	+	20.07.1959
503	→ 694.503	ÖBB .45	Wiener Neustadt			+	30.12.1954 *
504		DB	Stolberg	Z	13.07.64	+	30.11.1964
505		DB	Hannover Hgbf	Z	20.05.60	+	30.09.1960
506		DRB	Hilbersdorf			+	01.12.1932
507	→ T94 507	SZD .49	Von ÖBB an SZD 29.01.49				*
508		DB	Wt-Vohwinkel	Z	26.03.62	+	12.11.1962

501 Infolge Rahmenverstärkung auf 17 MP Achslast 1930 von 94 206 (= T 16) fälschlich als 94 501 (= T 16.1) umgezeichnet. Ursprüngliche Ausmusterung vom 15.02.1930 rückgängig. gemacht!
503 Verkauft 30.12.1954 an Stahlwerk „Alpine", Leoben-Donawitz und bezeichnet als „ÖMAG 1001.1", 1979 an Fa. Kovac, Graz-Gösting zur Aufstellung als Denkmal, 1991 an Österreichische Gesellschaft für Eisenbahngeschichte (ÖGEG), Linz/Donau als rollfähige Museums-Lok.
507 Amstetten 12.41, Hütteldorf/ÖBB bis 29.01.49

Foto oben: 941541 vor P 19052 (Schleusingen - Schmiedefeld) bei der Abfahrt aus Thomasmühle am 27. August 1974. *Foto: Dietmar Beckmann*

94 509 - 537

509		CSD/R.45	Von CSD an SZD				
510		DB	Lehrte	Z	05.10.59	+	09.06.1960
511		DB	Hmb-Rothenburgsort	Z	18.04.65	+	01.09.1965 *
512	→ 094 512-1	DB	Mannheim	Z	21.02.69	+	10.07.1969
513		DB	Bremen Hbf	Z		+	09.06.1960
514		DB	Wt -Vohwinkel	Z	13.03.67	+	05.07.1967
515	→ 694.515	ÖBB .45	Wiener Neustadt			+	20.02.1960
516		DR	Wittenberge	Z	23.05.68	+	12.06.1968
517		CSD/R.45	(RBD *Breslau/Oppeln* .36)				
518		DR	Mgb-Rothensee	Z	28.10.65	+	17.08.1967
519		DR	Mgb-Rothensee	Z	12.10.67	+	02.01.1968
520I		ÖBB .45	Wels 11.41-.45			+	10.10.1953 *
520II		DB	Mannheim	Z	01.06.60	+	30.09.1960 *
521	→ 94 1521-7	DR	Arnstadt	Z	28.10.71	+	23.10.1972
522	→ Tkw2-8	PKP .45	(*Berlin-Pankow* .31)				
523		DR	Meiningen	Z	23.05.68	+	19.06.1968
524		DR	Templin	Z	17.03.66	+	05.12.1967
525		DRB	Hanau			+	01.06.1929 *
526	→ 094 526-1	DB	Wt-Vohwinkel	Z	01.07.67	+	12.03.1968
527		DB	Hannover Hgbf	Z	09.10.59	+	09.06.1960
528		DB	Braunschweig	Z	26.01.63	+	15.11.1963
529		DB	Bremerhaven-Lehe	Z	21.06.60	+	12.11.1962
530		DB	Münster	Z	20.06.60	+	04.12.1961
531		DB	Lehrte	Z	05.03.60	+	30.09.1960
532		DB	Seelze	Z	07.03.62	+	12.11.1962
533		DB	Münster	Z	09.05.60	+	30.09.1960
534		DB	München Ost	Z	18.05.67	+	14.11.1967
535		DB	Mannheim	Z	15.02.54	+	04.07.1955
536	→ T94 536	SZD .49	Von ÖBB an SZD 29.01.49				*
537		SZD .45	(RBD *Danzig* 12.44)				

511 Letztes Betriebs-Bw Hmb-Harburg, als Z-Lok 08.06.65: Hmb-Rothenburgsort
520I Die ursprüngliche 94 520 (Frankfurt/M 8135, BMAG 5145) ist nachweislich bei der ÖBB verblieben
520II Die bei der DB aufgeführte 94 520 ist infolge eines Irrtums offensichtlich falsch eingereiht worden. Es handelt sich vmtl. um die bei der RBD Frankfurt/M am 26.06.1945 gemeldete ET-h2- abgestellte Fremdlok 95 520 (evtl. SNCF-Nord 5.520)
525 Verkauft
536 Kornwestheim 07.43, Straßhof/ÖBB 08.43-10.45

94 538 - 567

538		DB	Bielefeld	Z	10.03.61	+	04.12.1961
539	→ 094 539-4	DB	Mannheim	Z	23.12.67	+	22.09.1970
540		DB	Uelzen	Z	30.12.58	+	16.12.1959
541	→ 94 1541-5	DR	Meiningen *letzte 8 DR*	Z	18.03.75	+	30.05.1975
542		CSD/R.45	Von CSD an SZD				
543		DR	Naumburg	Z	27.07.67	+	03.10.1967
544	→ Tkw2-9	PKP .45	(*Frankfurt/O* bis 12.12.44)				*
545	→ T94 545	SZD .49	Von ÖBB an SZD 29.01.49				*
546		DR	Saßnitz	Z	07.10.67	+	05.01.1968
547		DB Rück	BD Regensburg			+	13.08.1952 *
548		DR	Wittenberge	Z	25.07.68	+	26.08.1968
549		DB	Mannheim	Z		+	28.05.1954
550		DB	Tübingen	Z	29.10.65	+	04.03.1966
551		DB	Radolfzell	Z	01.09.55	+	02.11.1955
552		DR	Leipzig Süd			+	01.10.1960 *
553		DB	Friedrichshafen	Z	15.05.61	+	28.05.1963
554		DB	Wetzlar	Z	29.08.52	+	14.11.1952
555		DB	Ehrang	Z	07.09.59	+	09.06.1960
556	→ T94 556	SZD .49	Von ÖBB an SZD 26.01.49				*
557	→ 094 557-6	DB	Heilbronn	Z	20.06.68	+	02.10.1968
558		DB	Mannheim	Z	27.03.67	+	05.07.1967
559	→ 694.559	ÖBB .45	Wiener Neustadt			+	20.02.1960
560	→ 094 560-0	DB	Mannheim	Z	21.04.69	+	19.09.1969
561	→ 694.561	ÖBB .45	WienerNeustadt			+	05.06.1961
562		DB	Mannheim	Z	27.04.60	+	30.09.1960
563		DB	Hmb-Rothenburgsort	Z	05.10.61	+	18.06.1962
564		DB	Hmb-Rothenburgsort	Z	07.02.67	+	22.05.1967
555		DB	Ottbergen	Z	29.05.60	+	30.09.1960
566	→ 094 566-7	DB	Hmb-Rothenburgsort	Z	15.01.69	+	10.07.1969
567		DB	Seelze	Z	08.01.64	+	01.07.1964

544 Schneidemühl Pbf 01.30, RBD Osten noch .44
545 Kornwestheim 07.43, Straßhof/ÖBB 08.43-10.45
547 Kornwestheim 07.43, Straßhof 08.43-04.45, MAV 04.45-Rückgabe DB 05.52,
    bei DB sofort abgestellt
552 Mit Ausmusterungs-Verfügung von Rbd Halle verkauft an BKW Geiseltal, Braunsbedra
556 Offenburg 02.42, Amstetten 04.43-05.45

94 568 - 597

568		DB	Osnabrück Rbf	Z	23.03.63	+	15.11.1963 *
569		DR	Schwerin	Z	.63	+	30.09.1964
570		DB	Seelze	Z	30.05.60	+	30.09.1960
571		DR	Saßnitz	Z	25.05.67	+	20.12.1967
572	→ Tkw2-43	PKP .45	Tarnowskie Gory i.E. 1972				*
573		DB	Osnabrück Rbf	Z	04.11.66	+	24.02.1967
574		DB	Bielefeld	Z	17.10.61	+	12.11.1962
575		DB	Stolberg	Z	10.02.63	+	01.07.1964
576		DB	Bhv-Geestemünde	Z	20.02.59	+	16.12.1959
577		DB	Hannover Hgbf	Z	05.01.61	+	04.12.1961
578		DB	Stolberg	Z	02.08.62	+	28.05.1963
579		DR	Barth	Z	11.10.67	+	02.01.1968
580		DB	Wt-Vohwinkel	Z	25.01.61	+	12.11.1962
581		DB	Hmb-Rothenburgsort	Z	28.05.58	+	15.08.1958
582	→ 94 1582-9	DR	Magdeburg	Z	01.09.71	+	14.02.1972
583		DB	Hmb-Rothenburgsort	Z	08.01.65	+	03.06.1965 *
584		DR	Güstrow	Z	22.12.66	+	20.09.1967
585	→ 094 585-7	DB	Hmb-Rothenburgsort	Z	27.09.67	+	02.10.1968
586	→ 094 586-5	DB	Mannheim	Z	30.05.69	+	19.09.1969
587	→ 094 587-3	DB	Stolberg	Z	10.12.69	+	04.03.1970
588		DB	Uelzen	Z	10.10.59	+	09.06.1960
589		DB	Minden	Z	30.09.60	+	04.12.1961
590		DB	Osnabrück Rbf	Z	22.11.61	+	18.06.1962
591		DB	Münster	Z	04.10.59	+	16.12.1959
592	→ T94 592	SZD .49	Von ÖBB an SZD 26.01.49				*
593		DB	Wt-Vohwinkel	Z	01.03.67	+	05.07.1967
594		DB	Hagen-Vorhalle	Z	11.12.61	+	28.05.1963
595		DB	Wt-Vohwinkel	Z	05.07.65	+	01.09.1965
596		DB	Karlsruhe Rbf	Z	09.11.59	+	30.09.1960
597	→ Tkw2-19	PKP .45	RBD Danzig 12.44				

568 Letztes Betriebs-Bw Hmb-Rothenburgsort, als Z-Lok 01.05.63: Osnabrück Rbf
572 Dirschau 12.44
583 Letztes Betriebs-Bw Hmb-Harburg, als Z-Lok 22.02.65: Hmb-Rothenburgsort
592 Lundenburg .45, Sigmundsherberg/ÖBB bis 26. 01.49

Einen Blick in das Bw Münster erschloß sich Ludwig Rotthowe im August 1960, als er diese „Dreifach-Kombination" aufnahm. 94 580, 78 078 und eine Lok der BR 50.

Schon im April 1959 hatte der Autor 94 591 „verewigt", als sie im dortigen Gbf den alltäglichen Verschubdienst verrichtete.

94 598 - 609

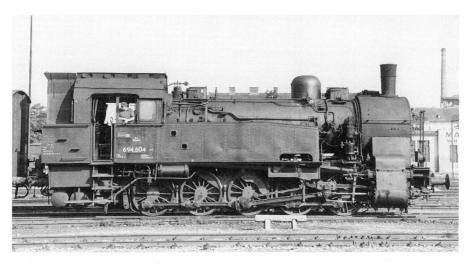

Nach 1949 verblieben bei den ÖBB 14 Loks der BR 94.5 (Bezeichnung 694), wovon Mag.pharm. Alfred Luft auch die 694.604 mit der Kamera einfangen konnte. Die Aufnahme entstand am 12.September 1955 in Wiener Neustadt.

598	→ T94 598	SZD .49	Von ÖBB an SZD 26.01.49				*
599	→ 94 1599-3ˣ	DR	Schwerin	Z	27.03.69	+	03.07.1969
600		DB	Hmb-Rothenburgsort	Z	26.01.67	+	22.05.1967
601		DR	Arnstadt	Z	09.05.68	+	29.03.1968 *
602	→ 94 1602-5	DR	Wismar	Z	01.02.70	+	10.03.1970
603	→ Tkw2-10	PKP .45	Schneidemühl Vbf bis 07.12.44				*
604	→ 694.604	ÖBB .45	Wiener Neustadt			+	05.12.1966
605		DB	Tübingen	Z	09.12.61	+	28.05.1963
606	→ 094 606-1	DB	Mannheim	Z	30.10.67	+	10.07.1969
607	→ Tkw2-11	PKP .45	(*Kaiserslautern* 05.35/07.35)				*
608	→ Tkw2-12	PKP .45	(*Bln-Lichtenberg* bis 03.45)				
609		DB	Hmb-Harburg	Z	23.09.64	+	10.03.1965 *

598 Amstetten/ÖBB 05.45
601 Ausmusterungs-Antrag genehmigt vor Z-Stellung!
603 Kreuz 01.30
607 Berlin-Pankow .31
609 Letztes Betriebs-Bw Hmb-Wilhelmsburg, als Z-Lok 23.09.64: Hmb-Harburg

94 610 - 639

610		DB	Dsd-Derendorf	Z	07.03.63	+	30.11.1964
611		DB	Hagen-Vorhalle	Z	17.09.63	+	30.11.1964
612		DB	Hohenbudberg	Z	13.12.62	+	28.05.1963
613		DB	Darmstadt	Z	24.05.67	+	14.11.1967
614		DB	Passau	Z	01.03.59	+	20.07.1959
615		DB	Heilbronn	Z	14.12.62	+	30.11.1964
616		DB Rück	BD Regensburg			+	13.08.1952 *
617		DB	Hmb-Eidelstedt	Z	08.11.61	+	18.06.1962
618	→ 94 1618-1	DR	Stralsund	Z	23.09.69	+	01.07.1970
619		DB	Seelze	Z	07.09.64	+	03.06.1965
620		DB	Mannheim	Z	20.05.59	+	16.12.1959
621		DB	Hmb-Eidelstedt	Z	03.01.58	+	30.09.1960
622	→ Tkw2-95	PKP .45	Hannsdorf .36				
623	→ Tkw2-2	PKP .45	Hannsdorf .43				
624		DB	Hannover Hgbf	Z	19.04.63	+	15.11.1963
625		DB	Darmstadt	Z	09.09.65	+	04.03.1966
626		DB	Münster	Z	28.01.60	+	09.06.1960
627		DB	Koblenz-Mosel	Z	29.08.60	+	12.11.1962 *
628		DRB KS	Aachen-West			+	29.04.1947
629		DB	Hohenbudberg	Z	10.10.63	+	01.07.1964
630		DB	Wt-Vohwinkel	Z	07.08.62	+	15.11.1963
631		DB	Hagen-Vorhalle	Z	04.09.61	+	12.11.1962
632		DB	Dsd-Derendorf	Z	19.03.64	+	10.03.1965
633	→ Tkw2-3	PKP .45	RBD Danzig 12.44				*
634		DR	Saßnitz	Z	26.05.66	+	20.09.1967
635	→ Tkw2-13	PKP .45	RBD Danzig 12.44				
636		DB	Hannover Hgbf	Z	05.09.63	+	15.11.1963
637		DB	Paderborn	Z	23.09.66	+	22.11.1966
638		DB	Friedrichshafen	Z	17.07.58	+	20.11.1958
639		SZD .45	(*Oderberg* .42)				

616 Mannheim 04.43, Straßhof 05.43-04.45, MAV 04.45, Szolnok/MAV 06.46 - Rückgabe DB 05.52, bei DB sofort abgestellt
627 Letztes Betriebs-Bw 0berlahnstein, als Z-Lok 28.05.62: Koblenz-Mosel
633 Kreuz 01.30

Foto oben rechts: Zu den wenigen T16.1 des Bw Paderborn zählte 94 637, welche zum Zeitpunkt der Aufnahme im Oktober 1966 bereits z-gestellt war.   *Foto: Peter Große*

94 640 - 649

640		DR	Saßnitz	Z	25.05.67	+	20.09.1967
641		DB	Hannover Hgbf	Z	21.08.59	+	09.06.1960
642		DB Rück	BD Regensburg			+	13.08.1952 *
643		DR	Wittenberge	Z	07.06.67	+	20.09.1967
644	→ Tkw2-39	PKP .45	RBD Danzig .44				*
645		DR	Eisenach	Z	10.10.67	+	17.08.1967 *
646		DR	Vacha			+	31.12.1963 *
647	→ Tkw2-50	PKP .45	Schneidemühl Vbf bis .44				
648	→ 94 1648-8	DR	Stralsund	Z	26.11.69	+	06.04.1970
649	→ T94 649	SZD .49	Von ÖBB an SZD 29.01.49				*

642 Räumlok der RBD Oppeln .45, Straßhof 02.45-04.45, MAV 04.45,
Püspökladany/MAV 06.46-Rückgabe DB 05.52, bei DB sofort abgestellt
644 Schneidemühl Pbf 01.30
645 Ausmusterung vor Z-Stellung!
646 Mit Ausmusterungs-Verfügung von Rbd Erfurt verkauft
an Kali-Kombinat „Werra", Merkers als Werklok 7
649 Räumlok der RBD Oppeln .45, Mürzzuschlag 02.45, Wiener Neustadt/ ÖBB bis 29.01.49, von SZD
nach Rumänien vmtl. 1949, Sichtung im AW Bukarest als Werklok 07.68, bei Industriebetrieb in
Bukarest als Werklok im Einsatz noch 02.75!

94 650 - 656

Einige pr.T16.1 kamen nach Übernahme durch die SZD auch nach Rumänien. Eine solche war 94 649, die auch als Werklok eingesetzt wurde. Unser Bild zeigt sie am 25.Januar 1976, wo sie eine Garnitur Reisezugwagen aus dem AW Grivita in Richtung Bukarest Nordbahnhof beförderte.
Foto: Serban Lacriteanu, Sammlung Joachim Stübben

650	→ T94 650	SZD .49	Von ÖBB an SZD 29.01.49			*
651		DB	Heilbronn	Z 04.10.66	+ 24.02.1967	
652		DB	Crailsheim	Z 13.07.60	+ 28.05.1963	
653		DB	Osnabrück Rbf	Z 09.05.60	+ 30.09.1960	
654		DB	Kornwestheim	Z 21.04.59	+ 30.09.1960	
655	→ Tkw2-4	PKP .45	RBD Danzig 12.44			
656		DB	Hohenbudberg	Z 01.02.64	+ 01.07.1964	

650   Ulm 02.42, Amstetten 01.44, Hütteldorf/ÖBB bis 29.01.49

657		DB	Hmb-Rothenburgsort	Z	06.10.64	+	10.03.1965
658	→ Tkw2-5	PKP .45	RBD Breslau .36				
659	→ 094 659-0	DB	Hohenbudberg	Z	16.10.68	+	03.03.1969
660		DB	Osnabrück Rbf	Z	10.12.65	+	20.06.1966
661		DB	Hmb-Rothenburgsort	Z	30.08.64	+	30.11.1964 *
662		DB	Paderborn	Z	17.03.60	+	30.09.1960
663		DB	Hmb-Wilhelmsburg	Z	13.03.64	+	30.11.1964
664	→ Tkw2-51	PKP .45	(RBD *Halle* .36)				
665		DB	Mühldorf	Z	10.11.64	+	10.03.1965
666	→ Tkw2-20	PKP .45	Ratibor .42				
667	→ Tkw2-52	PKP .45	RBD Breslau/Oppeln .36				
668		DB	Seelze	Z	19.05.60	+	30.09.1960
669		DB	Wanne Eickel	Z	10.09.59	+	16.12.1959
670		DR	Meiningen	Z	28.11.68	+	21.03.1969
671		DR	Wittenberge	Z	14.10.68	+	25.11.1968
672		DB	Oberlahnstein	Z	26.03.59	+	30.09.1960
673		CSD/R.45	Von CSD an SZD				*
674	→ Tkw2-53	PKP .45	RBD Danzig 12.44				
675		DB	Wt-Vohwinkel	Z	12.10.60	+	12.11.1962
676	→ Tkw2-54	PKP .45	RBD Danzig 12.44				
677		DB	Ludwigshafen	Z	28.07.58	+	20.11.1958
678	→ T94 678	SZD .49	Von ÖBB an SZD 29.01.49				*
679		DB	Crailsheim	Z	13.11.62	+	30.11.1964
680	→ Tkw2-14	PKP .45	RBD Oppeln .36				
681		CSD/R.45	(RBD *Breslau/Oppeln* .36)				
682		DB	Braunschweig	Z	13.01.63	+	15.11.1963
683		DB	Mühldorf	Z	12.09.60	+	18.06.1962
684		DB	Hmb-Wilhelmsburg	Z	26.02.65	+	03.06.1965
685		DB	Wt-Vohwinkel	Z	02.04.59	+	30.09.1960
686		DB	Wt-Vohwinkel	Z		+	09.06.1960

661 Letztes Betriebs-Bw Hamburg-Eidelstedt als Z-Lok 09.64: Hamburg Rothenburgsort
673 Heydebreck .44
678 Räumlok der RBD Oppeln .45, Wiener Neustadt/ÖBB 02.45-29.01.49

94 687 - 715

687		DB	Hagen Gbf	Z	11.11.65	+	20.06.1966 *
688		DR KS	Leipzig Süd	Z	.45	+	24.07.1956 *
689		DR	Umzeichnung in 94 6776				*
690		DB	Hmb-Wilhelmsburg	Z	23.01.66	+	20.06.1966 *
691		DB	Crailsheim	Z	01.09.64	+	10.03.1965
692	→ 694.692	ÖBB .45	Wiener Neustadt			+	05.06.1961
693		DR	Stralsund	Z	03.04.65	+	20.09.1967
694	→ Tkw2-44	PKP .45	RBD Oppeln .40				
695	→ Tkw2-45	PKP .45	Gleiwitz 12.44				
696	→ Tkw2-15	PKP .45					
697		DR	Wittenberge	Z	18.03.67	+	20.09.1967
698	→ 094 698-8	DB	Hmb-Rothenburgsort	Z	29.08.67	+	12.03.1968 *
699		DB	Stolberg	Z	15.07.59	+	30.09.1960
700	→ 094 700-2	DB	Stolberg	Z	24.03.69	+	10.06.1969
701		DB	Uelzen	Z	15.10.59	+	09.06.1960
702	→ Tkw2-21	PKP .45	Gleiwitz .39				
703		DR KS	Leipzig Süd	Z	.45	+	25.04.1951 *
704	→ 694.704	ÖBB .45	Wiener Neustadt			+	05.06.1961
705	→ 094 705-1	DB	Mannheim	Z	02.10.68	+	11.12.1968
706		DB	Crailsheim	Z	14.10.59	+	30.09.1960
707		DB	Hmb-Wilhelmsburg	Z	01.03.67	+	22.05.1967
708		DB	Hameln	Z	03.02.61	+	05.12.1961
709		DR	Rostock	Z	01.07.67	+	05.01.1968
710		SZD .47	Von DR in Ri. Osten/SZD 10.08.47				*
711		DR	Templin	Z	26.06.68	+	08.01.1968 *
712		DRB KS	ED Wuppertal			+	15.02.1947
713		DB	Osnabrück Rbf	Z	29.07.63	+	15.11.1963
714		DB	Crailsheim	Z	24.11.60	+	28.05.1963
715		DB	Flensburg	Z	09.07.63	+	15.11.1963

687 Letztes Betriebs-Bw Hagen-Vorhalle als Z-Lok 01.01.66: Hagen Gbf
688 Z-Stellung in Wustermark, als Z-Lok 26.10.47: Leipzig Süd
689 Am 01.12.1936 von DRB an Halberstadt-Blankenburger-Eisenbahn (HBE) als Lok Nr.16, ab 1950 an DR zurück und als 94 6776 eingereiht
690 Angeblich von DRB an „HBE" als Lok Nr.17 verkauft, ab 1952 an DR zurück und als 94 6777 eingereiht. 94 690 ist jedoch nachweislich bei der DB verblieben (s.o.), die tatsächliche Existenz einer 94 6777 also überaus fraglich!
698 Letztes Betriebs-Bw Hamburg-Wilhelmsburg als Z-Lok 24.09.67: Hamburg-Rothenburgsort
703 Z-Stellung in Halberstadt als Z-Lok 13.10.47: Leipzig Süd
710 Leipzig Bay. Bf. 1945, Leipzig-Plagwitz 12.45, ab 25.05.47 bei Sowjetische Militär Administration (SMA)
711 Ausmusterungs-Antrag genehmigt vor Z-Stellung

Bei einer Lz-Probefahrt aus dem AW Lingen kommend veranschaulicht hier 94 700 im März 1965 ganz deutlich, wie die provisorischen Rohrleitungen vor der Abnahme aussahen. Das merkwürdige Bild entstand im Bf. Leschede von Peter Große.

1962 konnte Gerhard Greß vor dem Express-Güterschuppen des Freiburger Hbf die 94 705 (Bw Freiburg) mit allen Details zur Geltung bringen.

94 716 - 94 745 58

716	→ Tkw2-27	PKP .45	Brockau .41				*
717		DR	Eisenach	Z	25.09.67	+	03.10.1967
718		DB	Hagen-Vorhalle	Z	24.11.61	+	28.05.1963
719		DB	Hmb-Rothenburgsort	Z	03.12.57	+	30.09.1960
720		DB	Bremen Rbf	Z	09.03.60	+	29.05.1961
721		DB	Hagen Gbf	Z	24.11.65	+	20.06.1966 *
722	→ 094 722-6	DB	Aschaffenburg	Z	13.11.67	+	12.03.1968
723	→ 094 723-4	DB	Mannheim	Z	08.11.67	+	21.06.1968
724		DB	Osnabrück Rbf	Z	23.08.61	+	04.12.1961
725		DB	Oberlahnstein	Z	10.12.58	+	30.09.1960
726	→ Tkw2-22	PKP .45					
727		DB	Mannheim	Z	06.04.60	+	30.09.1960
728		DR	Wismar	Z	10.07.67	+	07.08.1967
729	→ Tkw2-114	PKP .47	(Reichenbach .41)				*
730	→ 694.730	ÖBB .45	Wiener Neustadt			+	05.12.1966
731	→ Tkw2-35	PKP .45	Gliwice i.E.08.1974				*
732		DB	Mannheim	Z	19.02.60	+	30.09.1960
733		DR	Gotha	Z	22.12.67	+	02.01.1968
734	→ 094 734-1	DB	Hmb-Rothenburgsort	Z	07.02.69	+	02.06.1971
735		DB	Tübingen	Z	12.08.60	+	28.05.1963
736	→ 094 736-6	DB	Mannheim	Z	05.06.68	+	24.06.1970
737		DB	Regensburg	Z	01.03.57	+	20.11.1958
738		DB	Koblenz-Mosel	Z	09.11.62	+	01.07.1964
739	→ Tkw2-96	PKP .45	Stettin Hgbf 02.44				
740		DB	Soest	Z	19.10.59	+	30.09.1960
741		DB	Osterfeld Süd	Z	21.02.61	+	29.05.1961
742	→ T94 742	SZD .49	Von ÖBB an SZD 29.01.49				*
743		DB	Osnabrück Rbf	Z	08.12.59	+	09.06.1960
744		DB	Bochum-Dahlhausen	Z	14.10.60	+	29.05.1961
745		DR	Lu-Wittenberg			+	01.09.1959 *

716   RBD Breslau noch 1944
721   Letztes Betriebs-Bw Hagen-Vorhalle als Z-Lok 23.05.66: Hagen Gbf
729   Seit ca. 1990 vorgesehen zur rollfähigen Aufarbeitung beim Bw Peiskretscham,
       evtl. spätere Aufstellung in Königszelt
731   Neu Bentschen noch 11.44
742   Mannheim 03.43, Straßhof/ÖBB 04.43 (Z 10.45) bis 29.01.49; siehe auch Bemerkung bei 94 782!
745   Mit Ausmusterungs-Verfügung von Rbd Halle verkauft an „VEB Kupferbergbau Sangerhausen" als
       Werklok 13

94 746 - 94 755

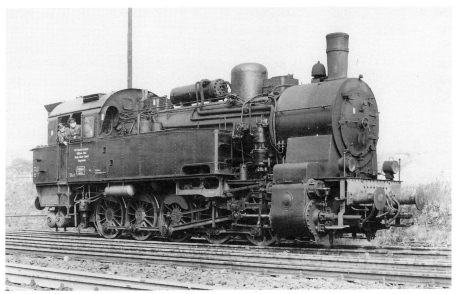

Eine der wenigen T16.1, die beim Bw Lutherstadt Wittenberg beheimatet waren, ist 94 745. Sie wurde nach ihrem Verkauf an den VEB Kupferbergbau Sangerhausen im Mai 1973 hier von Michael Malke fotografiert.

746		DR	Neubrandenburg	Z	25.05.67	+	20.09.1967
747	→ Tkw2-16	PKP .45	RBD Oppeln .36				
748	→ Tkw2-28	PKP .45	Heydebreck .40				
749		DB	Minden	Z	01.10.60	+	04.12.1961
750		DB	Neumünster	Z	18.09.64	+	10.03.1965
751		DB	Hagen-Vorhalle	Z	26.10.62	+	01.07.1964
752		DR	Waren/Müritz	Z	02.10.67	+	05.12.1967
753		DB	Passau	Z	01.06.57	+	20.11.1958
754	→ 094 754-9	DB	Crailsheim	Z	29.05.68	+	02.10.1968
755	→ Tkw2-40	PKP .45	Gleiwitz 12.44				

94 756 - 785

756		DR	Meiningen	Z	27.07.67	+	03.10.1967
757	→ Tkw2-29	PKP .45	RBD Danzig 12.44				
758		DR	Wittenberge	Z	.66	+	14.11.1966
759		DR	Saßnitz	Z	23.05.68	+	26.07.1968
760		DB	Hameln	Z	11.04.59	+	16.12.1959
761		DB	Bremen Rbf	Z	08.05.62	+	12.11.1962
762		DR	Stralsund	Z	07.10.67	+	05.01.1968
763		DR	Pasewalk	Z	30.01.68	+	08.01.1968 *
764		DB	Nördlingen	Z	24.06.60	+	30.09.1960
765		DR	Eberswalde	Z	12.03.68	+	12.03.1968
766		DR	Angermünde	Z	25.05.67	+	20.09.1967
767		DR	Saßnitz	Z	06.09.66	+	09.09.1966
768	→ Tkw2-30	PKP .45	(*Bln-Lichtenberg* .31-03.45)				
769		DR	Wittenberge	Z	.68	+	16.04.1968 *
770	→ 094 770-5	DB	Stolberg	Z	24.02.69	+	10.07.1969
771		DRB KS	Dsd-Derendorf	Z	06.01.45	+	08.12.1945 *
772		DB	München Ost	Z	28.07.64	+	30.11.1964
773		DB	Wt-Vohwinkel	Z	17.09.63	+	30.11.1964
774		DB	Seelze	Z	06.01.62	+	01.07.1964
775		DB	Bremen Hbf	Z	25.06.63	+	15.11.1963 *
776		DB	Hannover Hgbf	Z	19.06.62	+	28.05.1963
777		DB	Hagen-Vorhalle	Z	29.04.63	+	30.11.1964
778		DR	Wittenberge	Z	23.10.66	+	14.11.1966
779		DRB KV	(*Bln-Niederschönweide* .31)			+	28.03.1944
780		DB	Hmb-Rothenburgsort	Z	29.01.65	+	03.06.1965
781		DB	Lehrte	Z	08.09.61	+	18.06.1962
782	(→Tkw2-42?)	PKP .45?	(*Bremen-Walle* bis 03.02.40)				VU *
783	→ Tkw2-31	PKP .45	RBD Danzig 12.44				
784		DB	Wanne Eickel	Z	11.02.61	+	29.05.1961
785		DB	Seelze	Z	30.03.62	+	12.11.1962

763 Ausmusterungs-Antrag genehmigt vor Z-Stellung
769 Abgestellt am 01.03.68, Z-Datum unbekannt
771 Bombentreffer 06.01.1945
775 Letztes Betriebs-Bw Bremen Rbf, als Z-Lok 01.07.63: Bremen Hbf
782 Im uns vorliegenden PKP-Umzeichnungsplan von 1946 wird 94 742 als Tkw2-42 ausgewiesen; diese Lok kam jedoch nachweislich erst 1949 von der ÖBB zur SZD. Es handelt sich hierbei sicherlich um einen Übersetzungsfehler, so daß 94 782 besagte Tkw2-42 sein könnte. Diese war bis zum 03.02.40 beim Bw Bremen-Walle beheimatet (s.o.) und wurde danach im westdeutschen Reichsbahnbestand nicht mehr aufgeführt

Auch in Passau machten sich die 94er nützlich, so wie hier 94 753 am 27.August 1956.
Foto: Mag.pharm.Alfred Luft

Im Bezirk 8 des Leipziger Hbf war 1962 die 94 766 tätig. *Foto: Michael Malke*

Sicherlich zählte das Bw Falkenberg nicht zu den berühmtesten der DR, aber mancher Eisenbahnfreund dürfte bei diesem Anblick aus dem Jahre 1960 doch wehmütig werden. v.l. 38 2713, 94 769, 86 061 und 94 1145.   *Foto-Sammlung: Detlef Winkler*

Verschiedene im Rangierdienst eingesetzte T16.1 der DR hatten „tierische" Bezeichnungen, so auch 94 769 vom Bw Wittenberge im Jahre 1968.   *Foto: Reiner Scheffler*

786		DB	Bielefeld	Z	09.01.62	+	12.11.1962
787		DR	Suhl	Z	21.09.66	+	02.05.1967
788		DB	Paderborn	Z	21.05.59	+	30.09.1960
789		DB	Wt-Vohwinkel	Z	21.01.64	+	10.03.1965
790		DB	Hmb-Rothenburgsort	Z	05.01.62	+	18.06.1962
791	→ Tkw2-23	PKP .45	RBD Danzig 12.44				
792		DR	Merseburg	Z	23.03.67	+	17.08.1967
793		DB	Uelzen	Z	03.01.62	+	12.11.1962
794		DRB KS	Hannover-Linden			+	20.09.1948 *
795		DB	Uelzen	Z	10.10.59	+	09.06.1960
796		DB	Wanne Eickel	Z	01.07.61	+	18.06.1962
797		DB	Essen Nord	Z	11.11.60	+	29.05.1961
798		DB	Osnabrück Rbf	Z	24.04.59	+	09.06.1960
799		DB	Osnabrück Rbf	Z	15.12.61	+	18.06.1962
800		DB	Hmb-Eidelstedt	Z	28.09.62	+	28.05.1963
801	→ Tkw2-55	PKP .45	(*Bln-Lichtenberg* bis 03.45)				
802		DB	Dsd-Derendorf	Z	31.07.59	+	30.09.1960
803		DB	Uelzen	Z	11.07.61	+	18.06.1962
804		DR	Suhl	Z	.65	+	05.08.1965
805		DB	Hannover Hgbf	Z	19.10,62	+	15.11.1963
806		DB	Seelze	Z	09.08.61	+	18.06.1962
807		DR	Naumburg	Z	28.10.65	+	07.08.1967
808		DR KS	Leipzig Süd	Z	.45	+	25.04.1951 *
809		DB	Bochum-Langendreer	Z	15.02.63	+	01.07.1964
810		DB	Mannheim	Z	23.12.59	+	30.09.1960
811		DR	Leipzig-Wahren	Z	26.05.66	+	30.01.1968
812		DR	Altenburg	Z	08.09.66	+	07.05.1967
813	→ Tkw2-24	PKP .45	Jauer 02.45				
814	→ Tkw2-36	PKP .45	Katowice i.E. 1970				*
815		DB	Hannover Hgbf	Z	12.10.63	+	30.11.1964

794 Hannover-Linden bis 07.09.44, ab 08.09.44 RAW Leinhausen bis zur Ausmusterung
808 Z-Stellung in Halberstadt, als Z-Lok 13.10.47: Leipzig Süd
814 RBD Breslau 1936

94 816 - 845

816		DB	Wt -Vohwinkel	Z	25.08.66	+	22.11.1966 *
817	→ 094 817-4	DB	Koblenz-Mosel	Z	07.08.68	+	02.10.1968
818		DR	Gotha	Z	19.01.68	+	20.12.1967 *
819		DR KS	Leipzig Süd	Z	.45	+	20.12.1951 *
820		DB	Crailsheim	Z	06.02.67	+	05.07.1967
821	→ Tkw2-46	PKP .46	(*Bln-Lichtenberg* 24.06.44-03.45)			(+	1946) *
822	→ Tkw2-6	PKP .45	RBD Danzig 12.44				
823		DR	Mgb-Rothensee	Z	14.09.67	+	20.09.1967
824	→ Tkw2-17	PKP .45	RBD Danzig 12.44				
825		DR	Eisenach	Z	01.10.66	+	30.06.1967
826		DB	Minden	Z	21.10.60	+	04.12.1961
827		DB Rück	BD Regensburg			+	13.08.1952 *
828		DB	Hmb-Wilhelmsburg	Z	01.01.65	+	03.06.1965
829		DR	Falkenberg			+	26.05.1965 *
830		DR	Röblingen	Z	28.10.65	+	02.05.1967
831		DB	Hannover Hgbf	Z	16.01.61	+	04.12.1961
832	→ Tkw2-32	PKP .46					*
833		DB	Ludwigshafen	Z	21.01.60	+	30.09.1960
834	→ 094 834-9	DB	Mannheim	Z	03.07.69	+	19.09.1969
835		DB	Hmb-Wilhelmsburg	Z	01.01.65	+	03.06.1965
836		DB	Münster	Z	04.01.61	+	04.12.1961 *
837		DB	Bochum-Dahlhausen	Z	04.11.63	+	01.07.1964
838		DB	Hmb-Rothenburgsort	Z	03.03.67	+	22.05.1967
839		DB	Hmb-Wilhelmsburg	Z	03.02.65	+	03.06.1965
840		DB	Mannheim	Z	25.07.60	+	12.11.1962
841		DB	Hmb-Wilhelmsburg	Z	04.03.66	+	20.06.1966
842		DB	Radolfzell	Z	04.09.59	+	30.09.1960
843		DB	Hamm G	Z	04.04.61	+	12.11.1962 *
844		DRB KS	Wt-Vohwinkel			+	31.08.1945
845		DR	Eilenburg	Z	23.03.67	+	20.09.1967

816 Letztes Betriebs-Bw Düsseldorf-Derendorf, als Z-Lok 25.09.66: Wuppertal-Vohwinkel
818 Ausmusterungs-Antrag genehmigt vor Z-Stellung!
819 Z-Stellung in Wustermark, als Z-Lok 26.10.47: Leipzig Süd
821 Die Lok war bis März 1945 beim Bw Berlin-Lichtenberg beheimatet und erhielt am 22.03.45 einen Bombentreffer, woraufhin die DR sie 1946 amtlich ausmusterte. Unter nicht mehr zu klärenden Umständen gelangte sie aber offensichtlich zur PKP wo sie in den uns vorliegenden Umzeichnungsplänen einwandfrei als Tkw2-46 ausgewiesen wird.
827 Mannheim 03.43, Straßhof 03.43-04.45, MAV 04.45, Istwantelek/MAV 06.46-Rückgabe DB/BD Regensburg 05.52, bei DB sofort abgestellt.
829 Mit Ausmusterungs-Verfügung von Rbd Halle verkauft an Gaswerk Dimitroffstraße, Berlin
832 Anlieferung als T16 8179 Kattowitz 1917, ab 1920 T16 8179 Oppeln
836 Verkauft 12.61 an Klöckner Bergbau AG Bezeichnung ?
843 Letztes Betriebs-Bw Essen Nord, als Z-Lok 28.05.61: Hamm G

Anläßlich einer Dampflok-Sonderfahrt mit der (heimlichen) DB-Starlokomotive 18 316 wurde am 12.Dezember 1968 ein Lokzug, bestehend aus 94 817, 44 562 und 82 039, im Koblenzer Hbf bereit gestellt, wobei Karl-Heinz Jansen diesem Ereignis beiwohnte.

Eine Rarität stellt sicherlich diese Aufnahme der 94 825 vom Bw Eisenach dar, welche hier 1962 im dortigen Gbf „schwere Verschubdienste" leistet.
Foto: Rbd Erfurt, Sammlung Hans-Jürgen Trunk

94 852 = KPEV T16¹ 8148 Altona

Schwartzkopff   6699/1919
Abnahme: 25.01.1919
Preis: 109.000,-- DM

	-	24.07.1928	Hamburg-Wilhelmsburg
25.07.1928	-	08.09.1928	RAW Leinhausen
09.09.1928	-	20.07.1942	Hamburg-Wilhelmsburg
21.07.1942	-	10.09.1942	Hamburg-Eidelstedt
11.09.1942	-	19.03.1943	Hamburg-Wilhelmsburg
20.02.1942	-	04.04.1943	Hamburg-Harburg
05.04.1943	-	23.08.1943	Hamburg-Wilhelmsburg
24.08.1943	-	16.06.1944	Hamburg-Harburg
17.06.1944	-	15.07.1948	Hamburg-Wilhelmsburg
16.07.1948	-	10.09.1948	EAZ L0
11.09.1948	-	18.07.1961	Hameln
01.07.1963	-	30.06.1963	Bremen Rbf
01.07.1963	-	12.08.1964	Bremen Hbf
13.08.1964	-	31.10.1966	Hamburg-Wilhelmsburg
01.11.1966	-	08.11.1971	Hamburg-Rothenburgsort
		08.11.1971	Z
		26.04.1972	ausgemustert (HVB)
		28.04.1972	ausgemustert (BD Hamburg)

Kesselverzeichnis:
Schwartzkopff 6699/1919   ab   01.1919   neu mit Lok
Schwartzkopff 6698/1918   ab   14.11.1924   aus 94 851

Kessel-Verwendungsnachweis: Schwartzkopff 6698/1918
        1918   -   1924   94 851
        14.11.1924   -   .++   94 852

Untersuchungen:
        01.11.1967   -   03.12.1967   AW Lingen L0

94 846 - 854

Das Ende der BR 94 war Anfang der 70er-Jahre auch in der einstigen Hochburg des Bw Hamburg-Rothenburgsort abzusehen, wenngleich Günter Krall am 17.August 1971 dort noch 094 852 und 094 661 auf der Drehscheibe ablichtete.

846		DR	Naumburg	Z	08.09.66	+	24.07.1967 *
847	→ T94 847	SZD .49	Von ÖBB an SZD 29.01.49				*
848		DR	Suhl	Z	.65	+	18.10.1965
849		DB	Rheine	Z	19.03.62	+	18.06.1962 *
850		DB	Hmb-Rothenburgsort	Z	28.09.63	+	15.11.1963
851		DB	Osnabrück Rbf	Z	14.10.64	+	10.03.1965
852	→ 094 852-1	DB	Hmb-Rothenburgsort	Z	08.11.71	+	18.04.1972
853		DB	Hmb-Eidelstedt	Z	27.09.63	+	15.11.1963
854	→ 94 1854-2ˣ	DR	Pasewalk	Z	07.01.69	+	19.02.1969

846 Abgestellt nach Unfall, nach anderen Angaben Z 06.09.66
847 Arnstadt .43, Wiener Neustadt/ÖBB .43-29.01.49
849 Letztes Betriebs-Bw Hamburg-Rothenburgsort, als Z-Lok: Rheine

In Vitzenburg entstand 1962 die Aufnahme der 94 830 vom Bw Röblingen, das zu diesem Zeitpunkt noch etliche T16.1 beheimatete. Sie steht hier abfahrbereit vor ihrem Personenzug nach Röblingen am See.   *Foto-Sammlung: W.Umlauft*

Das Bw Mannheim war stets eine Domäne der Baureihe 94.5. So konnte hier Dr.Werner Söffing am 20.Februar 1969 im Mannheimer Rbf die 094 834 begutachten.

94 855 - 872

855		DB	Hannover Hgbf	Z	24.09.62	+	15.11.1963
856	→ 94 1856-2[x]	DR	Arnstadt	Z	11.06.69	+	30.12.1971
857		DR	Gotha	Z	06.65	+	17.01.1966
858	→ Tkw2-47	PKP .46					
859		DR	Falkenberg	Z	26.05.66	+	16.04.1968
860	→ Tkw2-25	PKP .45	RBD Oppeln .36				
861	→ Tkw2-56	PKP .45	RBD Oppeln .36				
862		DR	Mgb-Rothensee	Z	22.09.66	+	17.08.1967
863		DB	Hmb-Rothenburgsort			+	17.10.1955 *
864		DB	Darmstadt	Z	13.01.64	+	10.03.1965
865		DB	Paderborn	Z	19.04.59	+	16.12.1959
866	→ 94 1866-6	DR	Meiningen	Z	25.02.70	+	12.10.1970
867		DR	Pasewalk	Z	25.05.67	+	03.04.1968
868		DR	Eilenburg	Z	22.12.66	+	20.09.1967
869	→ 094 869-5	DB	Hmb-Rothenburgsort	Z	04.11.68	+	27.11.1970
870		DR	Suhl			+	20.09.1962 *
871	→ 094 871-1	DB	Hmb-Rothenburgsort	Z	18.04.68	+	02.10.1968
872		DB	Lehrte	Z	08.06.59	+	09.06.1960

863 Hamburg-Rothenburgsort bis 28.07.55, AW Lingen L2 16.08.55-27.08.55, ab 17.10.55 verkauft an Klöckner Bergbau AG Zeche Werne Nr. 6, ab ? bis 1968 Nr. 5, 1968-1971 Nr. 15, bei RAG Bezeichnung D795 (im Einsatzbestand 1974)
870 Mit Ausmusterungs-Verfügung von Rbd Erfurt verkauft an Mansfelder Kupferkombinat, Eisleben als Lok Nr. 59, ++ 1962

Verschiedene T16.1 wurden in den 50er-Jahren an die Klöckner Bergbau AG verkauft, so auch 94 863 (Lok Nr. 15), welche am 10.April 1971 zusammen mit der ex 80 039 (Lok Nr. 14) bei der Zeche Werne zu sehen war.   *Foto: Dieter Lindenblatt*

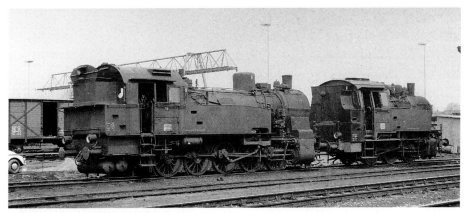

94 873 - 902

873	→ 94 1873-2	DR	Nordhausen	Z 26.03.69	+ 06.04.1970	
874		DB	Seelze	Z 11.04.59	+ 16.12.1959	
875		CSD/R.45	(*Brockau* .41)			
876	→ 94 1876-5	DR	Mgb-Rothensee	Z 18.04.71	+ 14.02.1972	
877		DR	Altenburg	Z 17.09.66	+ 04.03.1968	
878		DB	Hmb-Eidelstedt	Z 04.12.61	+ 18.06.1962	
879		DB	Hmb-Eidelstedt	Z 12.11.62	+ 28.05.1963	
880		DB	Bremen Hbf	Z 25.04.63	+ 15.11.1963	
881		DB	Koblenz-Mosel	Z 11.05.67	+ 14.11.1967	
882	→ 094 882-8	DB	Hmb-Rothenburgsort	Z 14.03.72	+ 15.08.1972	
883	→ 94 1883-1	DR	Meiningen	Z 11.09.74	+ 26.11.1974	
884		DB	Gsk-Bismarck	Z 06.03.64	+ 10.03.1965	
885		DR	Templin	Z 26.06.68	+ 27.11.1968	
886		DR	Röblingen	Z 26.05.66	+ 14.11.1966	
887		DB	Oldenburg Rbf	Z 12.05.61	+ 04.12.1961	
888		DB	Hamm G	Z 11.12.59	+ 30.09.1960	
889		DB	Dsd-Derendorf	Z 31.07.59	+ 30.09.1960	
890		DB	Osterfeld Süd	Z 01.11.61	+ 18.06.1962	
891	→ 094 891-9	DB	Hmb-Rothenburgsort	Z 19.03.71	+ 02.06.1971	
892	→ 094 892-7	DB	Wt-Vohwinkel	Z 16.04.68	+ 02.10.1968	
893		DR	Mgb-Rothensee	Z 14.09.67	+ 18.01.1968	
894		DR	Templin	Z 12.03.68	+ 12.03.1968	
895	→ Tkw2-57	PKP .45	(*Berlin-Tempelhof* .31)			*
896		DB	Rück Flensburg	Z 24.12.63	+ 01.07.1964	*
897		DRB KS	Kirchweyhe		+ 14.04.1946	*
898		DB	Gsk-Bismarck	Z 04.08.65	+ 01.09.1965	
899		DB	Flensburg	Z 11.02.65	+ 03.06.1965	
900		DB	Kaiserslautern	Z 27.10.58	+ 30.09.1960	
901		CSD/R.45	Von CSD an SZD?			
902		DR KS	Stendal		+ 25.11.1946	

895 Evtl. als Museumslok bei PKP vorgesehen, 1990 abg. im Bw Beuthen
896 Vmtl. RBD Essen .44, NS 9601 .44, Rückgabe DB/BD Münster .47-09.48
897 Andere Angabe. + 14.06.1946

Im Schleusinger Einsatzbereich war auch 94 1883 (ex 94 883) vom Bw Meiningen bis zu ihrer Ausmusterung 1974 anzutreffen. Oben. Einfahrt Bf.Schleusingen, 09.Juli 1973 (Foto: Rudolf Heym) Unten. Bf.Schleusingen, November 1971 (Foto: Michael Malke)

Vor dem 2.Weltkrieg war auch die Hauptstadt Berlin mit zahlreichen 94ern bestückt. Im Jahre 1931 konnte Karl-Julius Harder die 94 886 beim Bw Berlin-Tempelhof fotografieren.

Aus der Sammlung von Dirk Endisch stammt diese Rarität aus dem Jahre 1922 vom Bw Aschersleben, wo offensichtlich das komplett anwesende Personal mit Stolz die fabrikneu aussehende T16 Halle 8157 (später 94 904) vorstellt.

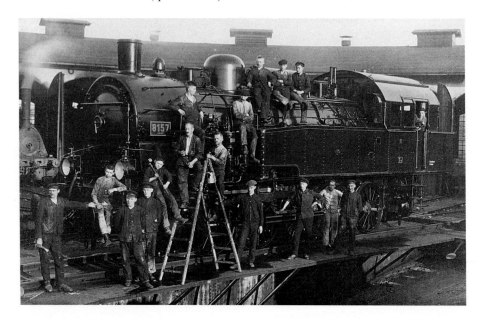

94 903 - 932

903		DR	Eberswalde	Z	07.10.67	+	03.04.1968
904		DB	Bremen Hbf	Z	08.06.62	+	28.05.1963
905		DR	Eberswalde			+	10.10.1968 *
906	→ 94 1906-0	DR	Angermünde	Z	26.11.69	+	06.04.1970
907		DB	Soest	Z	13.06.59	+	16.12.1959
908		DB	Heilbronn	Z	29.05.61	+	28.05.1963
909	→ 94 1909-4	DR	Meiningen	Z	29.10.74	+	26.11.1974
910		DB	Paderborn	Z	10.10.64	+	10.03.1965
911		DB	Augsburg	Z	16.01.59	+	30.09.1960
912		DB	Seelze	Z	14.03.61	+	12.11.1962
913		DB	Hannover Hgbf	Z	30.04.62	+	12.11.1962
914		DB	Hamm G	Z	12.04.66	+	19.08.1966
915		DB	Rück Hannover Hgbf	Z	09.10.62	+	15.11.1963 *
916		DR	Eilenburg	Z	11.07.67	+	20.09.1967
917		DR	Mgb-Rothensee	Z	12.07.65	+	07.08.1967
918	→ Tkw2-58	PKP .45	(*Berlin-Tempelhof* .31)				
919		DB	Kaiserslautern	Z	16.10.59	+	30.09.1960
920		DR	Sangerhausen			+	08.1965 *
921		DR	Naumburg	Z	25.05.67	+	30.06.1967
922	→ 94 1922-7ˣ	DR	Arnstadt	Z	29.01.69	+	08.04.1969
923	→ Tkw2-59	PKP .45	(*Berlin-Schöneweide* 09.44-12.44)				
924		DB	Hmb-Rothenburgsort	Z	15.12.66	+	22.05.1967
925		SZD .45	(RBD *Wien* .43)				*
926	→ Tkw2-41	PKP .45	Trzebinia ab 22.10.44				*
927		DR	Stralsund			+	03.01.1969 *
928		DR KS	Großkorbetha	Z	.45	+	25.11.1946 *
929		DR	Meiningen	Z	13.05.68	+	15.07.1968
930		DB	Osnabrück Rbf	Z	01.10.62	+	28.05.1963
931	→ 094 931-3	DB	Wt-Vohwinkel	Z	11.01.68	+	21.06.1968
932		DR	Meiningen	Z	25.05.67	+	17.08.1967

905 Mit Ausmusterungs-Verfügung von Rbd Greifswald verkauft an VEB Chemie Coswig, Zementwerk Rüdersdorf
915 Vmtl. RBD Essen .44, NS 9602 .45-Rückgabe DB/Rheine .47-01.48
920 Mit Ausmusterungs-Verfügung von Rbd Erfurt verkauft an Kaliwerk Bischofferode
925 Arnstadt 01.36-.43, RBD Wien ab .43, an MPS/SZD .45
926 Leipzig-Bayerischer Bf. 21.08.43-? ., Trzebinia 07.44-03.10.44, Strzemierzyee L0 vom 04.-21.10.44, Trzebinia ab 22.10.44
927 Mit Ausmusterungs-Verfügung von Rbd Greifswald verkauft an Rat der Stadt Greifswald als Heizlok
928 Bombenvolltreffer, abg. und stationiert beim Bw Großkorbetha, im Bestand des Bw Stendal (buchmäßig) noch 1957

94 933 - 944

Von 1945 bis 1947 waren diese zwei 94er (links 94 896 am 11. August 1945 in Zwolle, rechts 94 914) als Einzelgänger bei den NS beheimatet und erhielten dort die Bezeichnung 9601 und 9602.
Beide Fotos: H.Waldrop

933		DB	Bielefeld	Z	30.09.61	+	12.11.1962
934		DB	Hamburg-Harburg	Z	25.07.64	+	30.11.1964 *
935		DRB KS	Hmb-Wilhelmsburg			+	10.07.1947
936		DB	Bochum-Dahlhausen	Z	21.06.66	+	22.11.1966
937	→ 094 937-0	DB	Hmb-Rothenburgsort	Z	17.08.72	+	08.11.1972
938	→ 94 1938-3ˣ	DR	Stralsund	Z	01.01.70	+	01.07.1970
939		DB	Mannheim	Z	27.03.67	+	05.07.1967
940		DR	Eilenburg	Z	08.09.66	+	30.05.1967
941		DB	Hannover Hgbf	Z	06.04.61	+	04.12.1961
942		DB	Crailsheim	Z	05.11.66	+	24.02.1967
943		DB	Hmb-Rothenburgsort	Z	08.02.64	+	01.07.1964
944		DB	Hmb-Rothenburgsort	Z	16.01.58	+	30.09.1960

934 Letztes Betriebs-Bw Hamburg-Wilhelmsburg, als Z-Lok: Hamburg-Harburg

94 961 - 975

961		DB	Hamm G	Z	01.02.64	+	01.09.1965
962		DB	Bremen Hbf	Z	09.02.62	+	12.11.1962
963		DB	Osnabrück Rbf	Z	19.08.63	+	15.11.1963
964		DB	Bielefeld	Z	31.10.61	+	18.06.1962
965		DB	Karlsruhe Rbf	Z	20.06.59	+	30.09.1960
966	→ 094 966-9	DB	Darmstadt	Z	23.05.67	+	02.10.1968
967		DR	Merseburg	Z	17.09.66	+	02.05.1967
968		DB	Bremen Rbf	Z	08.05.63	+	15.11.1963
969		DB	Osterfeld Süd	Z	03.03.64	+	01.09.1965
970		DR	Arnstadt	Z	25.05.67	+	11.01.1968
971		DR	Röblingen	Z	26.05.66	+	17.08.1967
972		DB	Darmstadt	Z	05.01.60	+	30.09.1960
973		DR	Eilenburg	Z	22.12.66	+	17.08.1967
974		DR	Meiningen	Z	26.05.66	+	02.05.1967
975		DR KS	Weimar	Z	27.12.45	+	21.12.1953 *

975 Tieffliegerbeschuß Ende 1945 als Lok des Bw Suhl

Fast 8 Jahre nach der Z-Stellung von 94 975 (Bw Weimar) entschloß sich die DR zur Ausmusterung dieser Kriegsschadlok. Sie machte am 16.März 1953 - aufgenommen in Weimar - einen wahrhaft traurigen Eindruck.   Foto: Rbd Erfurt, Sammlung Hans-Jürgen Trunk

94 976 - 984 80

Am 29.Mai 1963 wurde die T16.1 bei der DR noch voll unterhalten, als der Fotograf diese Aufnahme im Raw Cottbus machte. Wir erkennen 94 979 und 94 765. Foto: G.Illner

976		DR	Suhl	Z	08.52	+	17.11.1955 *
977		DB	Bremen Hbf	Z	22.01.62	+	12.11.1963
978		DR	Pasewalk	Z	10.09.64	+	20.09.1967
979		DR	Meiningen	Z	25.04.68	+	29.04.1968
980	→ 094 980-0	DB	Hmb-Rothenburgsort	Z	11.01.71	+	09.09.1971
981		DB	Hamburg-Harburg	Z	27.07.59	+	30.09.1960
982		DB	Münster	Z	14.05.61	+	04.12.1961
983		DR	Naumburg	Z	15.05.67	+	02.05.1967 *
984		DB Rück	BD Regensburg			+	13.08.1952 *

976 Unfall-Lok 1953/54 bei Oberhof
983 Ausmusterungs-Antrag genehmigt vor Z-Stellung
984 Arnstadt .43, Gmünd 03.43, Straßhof ab 12.03.44-04.45, MAV 04.45, Püspökladany/MAV 06.46-Rückgabe DB/BD Regensburg 05.52, bei DB sofort abgestellt

94 985 - 1014

Nr.	→	Bahn	Ort	Z	Datum		Ausmust.
985	→ 94 1985-4	DR	Nordhausen	Z	24.06.70	+	29.10.1970
986		CSD .45	Lundenburg .43-.50 .			++	11.1950 *
987		DR	Suhl	Z	.66	+	11.08.1966
988		DB	Oberlahnstein	Z	26.11.58	+	30.09.1960
989		DR KS	Suhl	Z	.47	+	29.01.1948
990	→ 094 990-9	DB	Mannheim	Z	10.03.69	+	10.07.1969
991		DB	Mühldorf	Z	20.06.61	+	18.06.1962
992	→ T94 992	SZD .49	Von ÖBB an SZD 29.01.49				*
993		DB	Seelze	Z	15.06.64	+	03.06.1965
994	→ 94 1994-6	DR	Meiningen	Z	19.08.72	+	11.05.1973
995		DRB	Duisburg Hbf bis 23.08.44				VU
996		DRB KV	Osnabrück Vbf			+	26.09.1944
997		DB	Mannheim	Z	13.10.61	+	28.05.1963
998		DB	Wanne Eickel	Z	29.04.64	+	01.09.1965
999		DB Rück	BD Regensburg			+	13.08.1952 *
1000		DB	Hmb-Wilhelmsburg	Z	17.04.62	+	12.11.1962
1001	→ 094 001-5	DB	Hohenbudberg	Z	14.01.71	+	02.06.1971
1002		DB	Darmstadt	Z	12.07.60	+	18.06.1962
1003		DB	Darmstadt	Z	05.03.60	+	30.09.1960 *
1004	→ 094 004-9	DB	Hmb-Rothenburgsort	Z	24.01.69	+	02.06.1971
1005		DB	Wanne Eickel	Z	15.02.61	+	29.05.1961
1006		DB	Hmb-Rothenburgsort	Z	28.05.67	+	11.12.1968
1007		DB	Heilbronn	Z	18.05.60	+	30.09.1960
1008		ÖBB .51 R	Von MAV an ÖBB 20.11.51			+	15.12.1953 *
1009		DR	Eilenburg	Z	19.04.67	+	18.05.1967 *
1010		DR	Röblingen			+	01.02.1967 *
1011		DR	Merseburg	Z	20.02.68	+	05.03.1968
1012		DR	Stralsund			+	17.10.1967 *
1013	→ 94 1013-5	DR	Arnstadt	Z	19.03.74	+	13.05.1974
1014		DR	Stralsund	Z	12.03.68	+	12.03.1968

986 Gotha .36-05.43, Lundenburg 05.43 - Ausmusterung
992 Straßhof/ÖBB 05.43-(Z)10. bis 29.01.49
999 Mannheim 04.43, Straßhof ab 01.05.43-04.45, MAV 04.45, Szolnok/ MAV 06.46-Rückgabe DB/BD Regensburg 05.52, bei DB sofort abg.
1009 Nach 1. Ausmusterungs-Verfügung von Rbd Halle verkauft am 22.06.67 an Kaliwerk „Werra", Merkers/Rhön als Werklok
1010 Mit Ausmusterungs-Verfügung von Rbd Halle verkauft an Betonwerk Gröbzig (Bez. Halle) als Werklok
1008 Siehe Fußnote hinter 94 1058
1012 Mit Ausmusterungs-Verfügung von Rbd Greifswald verkauft an VEB Backwarenkombinat, Bergen (Rügen) als Heizlok

Letzte Station für die ÖBB 694.1008 war am 11. September 1954 der Lokfriedhof in Hütteldorf-Hacking.
Foto: Mag.pharm.Alfred Luft

94 1011 vom Bw Röblingen ergänzt in Nebra/Unstrut ihre Wasservorräte. Die Aufnahme entstand im Sommer 1959.
Foto-Sammlung: Detlef Hommel

94 1015 - 1023

Schon 1966 stand 94 1015 in Pasewalk abgestellt (unser Bild). Die Z-Stellung erfolgte jedoch erst am 23. März 1967 beim Bw Eilenburg.   Foto: Reiner Scheffler

1015		DR	Eilenburg	Z	23.03.67	+	30.05.1967
1016		DR	Angermünde	Z	23.05.68	+	26.07.1968
1017		DB	Bremen Hbf	Z	19.08.66	+	22.11.1966
1018		DB	Lehrte	Z	15.06.61	+	12.11.1962
1019		DB	Hannover Hgbf	Z	26.10.65	+	27.09.1966
1020		DB	Löhne	Z	05.01.67	+	22.05.1967
1021		DRB KS	Hainholz			+	21.11.1945
1022	→ 94 1022-6	DR	Magdeburg	Z	11.06.71	+	14.02.1972
1023		DB	Hmb-Eidelstedt	Z	05.06.63	+	15.11.1963

94 1024 - 1032

94 1022 vom Bw Magdeburg-Rothensee, auf den Rangiernamen „Remse" hörend, legt eine kurze Verschnaufpause im dortigen Rbf ein. Aufnahme vom August 1967.
Foto: Helmut Constabel

1024		CSD/R.45	Lundenburg .51			++ 23.11.1956 *
1025	→ 094 025-4	DB	Heilbronn	Z	25.03.69	+ 10.07.1969
1026		CSD/R.45	Lundenburg .51			++ 05.1951 *
1027		DR	Meiningen	Z	schon. 47	(+ 21.10.1953) *
1028		DB	Bremen Rbf	Z	04.04.60	+ 04.12.1961
1029		DB	Koblenz-Mosel	Z	04.08.60	+ 12.11.1962 *
1030		DRB	KS Limburg			+ 25.03.1948
1031	→ 94 1031-7ˣ	DR	Pasewalk	Z	07.01.69	+ 24.01.1969
1032	→ 094 032-0	DB	Hameln	Z	08.01.69	+ 02.06.1971 *

1024 Gotha .36
1026 Arnstadt .36, RBD Erfurt noch .43
1027 Vmtl. seit 1945 Kriegsschadlok und im Z-Park,
 Ausmusterung beantragt am 21.10.1953, ++ 1955 im Raw Meiningen
1029 Letztes Betriebs-Bw Oberlahnstein, als Z-Lok 28.05.62: Koblenz-Mosel
1032 Letztes Betriebs-Bw Löhne, als Z-Lok 01.02.70: Hameln

94 1033 - 1047

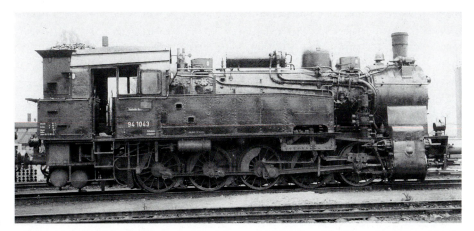

Im Juni 1965 gehörte 94 1043 zum Bestand des Bw Radolfzell und fand hier durch Peter Große Einzug ins Foto-Album.

1033	→ Tkw2-70	PKP .45	Beuthen bis 09.12.44				
1034		CSD/R.45	Von ÖBB an CSD 05.45				*
1035	→ 094 035-3	DB	Mannheim	Z	13.01.68	+	21.06.1968
1036		DRB KS	Mannheim			+	13.03.1946
1037		DB	Ludwigshafen	Z	15.10.59	+	30.09.1960
1038		DB	München Ost	Z	30.08.66	+	22.11.1966
1039		DB	Crailsheim	Z	10.05.67	+	14.11.1967
1040		DB	Osnabrück Rbf	Z	25.07.66	+	22.11.1966
1041	→ 094 041-1	DB	Lehrte	Z.	04.04.69	+	02.06.1971
1042		DB	Mühldorf	Z	16.05.66	+	27.09.1966
1043	→ 094 043-7	DB	Wanne Eickel	Z	31.03.70	+	02.06.1971
1044		DB	Koblenz-Mosel	Z	03.07.62	+	15.11.1963
1045		DR	Altenburg	Z	28.10.65	+	22.12.1966
1046	→ 094 046-0	DB	Hmb-Rothenburgsort	Z	24.09.70	+	02.06.1971
1047		DR	Merseburg	Z	26.05.65	+	02.05.1967

1034 Karlsruhe Rbf 07.37-30.04.43, Wiener Neustadt 01.05.43-?,
      Wien FJB ab ? Sigmundsherberg .44-05.45, bei CSD 05.45

94 1048 - 1077

1048		DR	Altenburg	Z	17.08.67	+	20.09.1967
1049		DR	Merseburg	Z	08.09.66	+	30.01.1968
1050		DB	Regensburg	Z	01.03.57	+	20.11.1958
1051		DB	Aschaffenburg	Z	24.04.67	+	05.07.1967
1052		DRB KS	Aschaffenburg			+	02.06.1948 *
1053	→ 094 053-6	DB	München Ost	Z	23.11.67	+	12.03.1968
1054	→ 094 054-4	DB	Aschaffenburg	Z	07.11.67	+	12.03.1968
1055	→ 094 055-1	DB	Hamm	Z	24.12.74	+	05.12.1974 *
1056		DB	Ulm	Z	29.07.59	+	28.05.1963
1057	→ 094 057-7	DB	Hamm	Z	16.12.69	+	04.03.1970
1058		DR KS	Leipzig Süd	Z	15.04.45	+	28.11.1953 *
1059		DB	Aschaffenburg	Z	24.09.59	+	12.11.1962
1060		DB	Kaiserslautern	Z	27.10.59	+	04.12.1961
1061		DB	Kaiserslautern	Z	06.08.58	+	20.11.1958
1062	→ 094 062-7	DB	Stolberg	Z	01.04.70	+	09.09.1971
1063		DB	Kaiserslautern	Z	26.09.58	+	01.11.1960
1064	→ 094 064-3	DB	Crailsheim	Z	27.07.67	+	12.03.1968
1065		CSD .47	Von CSD an SZD?				
1066		DRB KV	Hamm			+	01.09.1944
1067		DB	Dortmund Rbf	Z	07.03.67	+	05.07.1967
1068	→ 094 068-4	DB	Dortmund Rbf	Z	26.06.67	+	11.12.1968
1069		DB	Dortmund Rbf	Z	08.02.60	+	29.05.1961
1070		DB	Bochum-Dahlhausen	Z	22.12.61	+	18.06.1962
1071		DB KS	Ehrang			+	1951
1072		DB	Aschaffenburg	Z	03.06.59	+	12.11.1962
1073		DB	Kaiserslautern	Z	23.12.59	+	09.02.1960
1074		DB'	Ludwigshafen	Z	27.11.59	+	04.12.1961 *
1075	→ 094 075-9	DB	Lehrte	Z	26.03.71	+	02.06.1971
1076		DRB KS	Limburg			+	02.1946 *
1077		DB	Augsburg	Z	22.04.61	+	04.12.1961

1052 Aschaffenburg bis 03.07.47, RAW Durlach 04.07.47 bis Ausmusterung
1055 Ausmusterung laut HVB-Verfügung vor Z-Stellung!
1058 Lok wird noch 12.45-1947 im Bestand des Bw Halle G geführt; eine erste (offensichtlich aufgehobene) Ausmusterung erfolgte bereits am 19.09.1945 beim Bw Erfurt G
1008 Zeitz 04.43, Straßhof ab 01.05.43, MAV .45, Ferencvaros/MAV 06.46, Rückgabe ÖBB 20.11.51 .
1074 Verkauft 1961 an „Neunkirchener Eisenwerke" als Lok Nr. 56, Ausmusterung im Mai 1965
1076 Ausmusterung beantragt am 08.02.1946

Über den Ablaufberg in München Ost Rbf drückt 94 1053 am 16.Mai 1964 einen Güterzug.
Foto: Peter Melcher

94 1057, eine langjährige Lichtenfelser Maschine, stellt im März 1962 eine Reisezuggarnitur in Lichtenfels am Bahnsteig bereit.
Foto-Sammlung: Peter Melcher

88

Die letzte einsatzfähige 94er der DB war neben 094 730 die 094 055. Am 22. Juli 1970 war sie noch beim Bw Koblenz Mosel beheimatet und führte einen Nahgüterzug von Montabau r nach Siershahn. Dieter Lindenblatt fotografierte sie hier bei der Einfahrt.

Foto Seite 89 oben: Im Schuppen ihrer Heimat-Dienststelle Hamm sehen wir sie am 03. April 1975 bereits ausgemustert ein letztes Mal.   *Foto: Wolfgang Pfaffenberger*

Vielen Eisenbahnfreunden dürfte das Bw Rheine als abschließende Hochburg der Dampfloks sicherlich noch in guter Erinnerung sein, jedoch nur wenigen war es vergönnt, hier noch eine T16.1 wie die 94 1062 im Juli 1967 anzutreffen. *Foto: Peter Große*

94 1078 - 1086

Ebenfalls Ziel ungezählter Dampflok-Fans war das Bw Dillenburg, wo am 09. Juli 1968 die 094 080 (ex 94 1080) bereits die neue EDV-Nummer trägt. Foto: Hartmut Weidt

1078	→ Tkw2-71	PKP .45	Sommerfeld .35-.41				
1079		DB	Osnabrück Rbf	Z	22.05.66	+	27.09.1966
1080	→ 094 080-9	DB	Dillenburg	Z	16.06.69	+	19.09.1969
1081	→ Tkw2-72	PKP .45	RBD Breslau/Oppeln .36				
1082		DRB	Hamm			+	28.03.1935 *
1083	→ 094 083-3	DB	Hmb-Rothenburgsort	Z	27.01.67	+	02.10.1968
1084		SZD .47	Von DR Ri. Osten/SZD 10.08.47				*
1085		DB	Hamm	Z	09.06.67	+	14.11.1967
1086	→ 094 086-6	DB	Hmb-Rothenburgsort	Z	07.04.72	+	15.08.1972

1082 Unfall-Lok
1084 MA Berlin I 01.04.30, bis 05.05.45 bei Sowjetischer Militär-Verwaltung (SMV), anschließend bis 29.06.47 bei Sowjetischer MilitärAdministration (SMA)

Die Feiertagsruhe des 01. Mai 1969 beim Bw Mannheim sowie des 05. Mai 1968 beim Bw Kaiserslautern machen sich 94 1087 (oben) und 94 1089 in Form einer verdienten Ruhepause zu Nutzen. Beide Fotos: Karl-Heinz Jansen

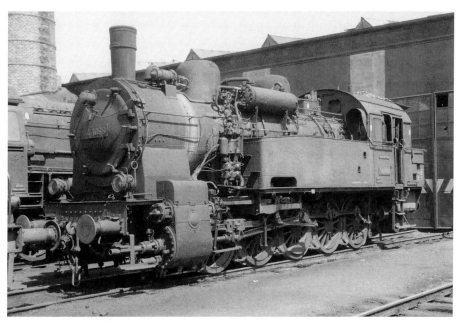

94 1087 - 1116 92

1087	→ 094 087-4	DB	Mannheim	Z	21.06.67	+	11.12.1968
1088		DB	Ludwigshafen	Z	07.05.60	+	12.11.1962
1089	→ 094 089-0	DB	Hmb-Rothenburgsort	Z	04.06.70	+	22.09.1970
1090	→ T94 1090	SZD .49	Von ÖBB an SZD 26.01.49				*
1091		DB	Ludwigshafen	Z	14.12.61	+	28.05.1963
1092		DB	Neumünster	Z	26.02.65	+	03.06.1965
1093		DB	Hannover Hgbf	Z	27.06.63	+	15.11.1963
1094		DB	Hmb-Wilhelmsburg	Z	02.08.66	+	22.11.1966
1095	→ Tkw2-97	PKP .45	RBD Oppeln .36				
1096		CSD/R.45	(*Ratibor* .39)				
1097	→ Tkw2-60	PKP .45	Gleiwitz 12.44				
1098	→ 094 098-1	DB	Mannheim	Z	20.01.69	+	10.06.1969
1099		DB	Hmb-Wilhelmsburg	Z	23.02.67	+	22.05.1967
1100	→ Tkw2-73	PKP .45	(*Berlin-Lichtenberg* .31-06.01.45)				
1101	→ Tkw2-98	PKP .45	RBD Breslau/Oppeln .36				
1102		DR	Falkenberg	Z	12.08.65	+	14.06.1967
1103	→ Tkw2-99	PKP .45	RBD Breslau/Oppeln .36				
1104		DB	Koblenz-Mosel	Z	25.01.62	+	28.05.1963 *
1105		DRB KS	Singen			+	17.11.1947 *
1106		DB	Koblenz-Mosel	Z	26.06.61	+	12.11.1962 *
1107		DB	Ludwigshafen	Z	15.10.59	+	04.12.1961
1108		DB	Dortmund Rbf	Z	30.08.66	+	22.11.1966 *
1109	→ 094 109-6	DB	Wanne Eickel	Z	17.05.68	+	27.11.1970
1110	→ 094 110-4	DB	Hmb-Rothenburgsort	Z	07.06.72	+	08.11,1972
1111		DR	Mgb-Rothensee	Z	18.05.68	+	06.11.1968
1112	→ 094 112-0	DB	Dortmund Rbf	Z	02.07.71	+	15.12.1971
1113		DB	Kaiserslautern	Z	13.08.62	+	15.11.1963
1114	→ 094 114-6	DB	Radolfzell	Z	19.08.67	+	12.03.1968
1115		DB	Kaiserslautern	Z	18.11.62	+	01.07.1964
1116	→ 094 116-1	DB	Mannheim	Z	26.04.68	+	24.06.1970

1090 Offenburg 04.43, Wiener Neustadt/ÖBB 05.43-26.01.49
1104 Letztes Betriebs-Bw Oberlahnstein, als Z-Lok 28.05.62: Koblenz-Mosel
1105 Bombenvolltreffer 14.03.1945
1106 Letztes Betriebs-Bw Oberlahnstein, als Z-Lok 28.05.62: Koblenz-Mosel
1108 Letztes Betriebs-Bw Bochum-Langendreer, als Z-Lok 25.09.66: Dortmund Rbf

93　　　　　　　　　　　　　　　　　　　94 1117 - 1126

94 1109 gehörte zwar nach ihrer Z-Stellung am 17. Mai 1968 zum Bw Wanne Eickel, stand aber vier Tage später im Bw Gelsenkirchen-Bismarck abgestellt.　　　　*Foto: Dr.Werner Söffing*

1117		DB	Hamm G	Z	04.05.65	+	01.09.1965
1118		DB	Osterfeld Süd	Z	18.07.61	+	18.06.1962
1119	→ 094 119-5	DB	Hamm	Z	18.01.68	+	21.06.1968
1120		DB	Hmb-Wilhelmsburg	Z	25.04.67	+	05.07.1967
1121		DB	Hamm G	Z	11.02.60	+	29.05.1961
1122		DB	Wt -Vohwinkel	Z	17.02.67	+	22.05.1967
1123		DB	Koblenz-Mosel	Z	30.10.64	+	04.03.1966
1124		DB	Wt-Vohwinkel	Z	06.06.66	+	27.09.1966
1125		DB	Braunschweig	Z	09.11.66	+	22.05.1967
1126		DB	Wt-Vohwinkel	Z	24.08.61	+	12.11.1962

94 1127 - 1135   **94**

Nach ihrer Umbeheimatung von München Ost nach Crailsheim brauchte sich 094 134 (ex 94 1134) zwar noch nicht zum alten Eisen zählen, mußte jedoch am 01.Juli 1969 im hiesigen Gbf mit Az-Diensten vorlieb nehmen. Foto: Michael Malke

1127	→ 094 127-8	DB	Dortmund Rbf	Z	08.04.69	+	10.07.1969
1128		DB	Bochum-Langendreer	Z	01.10.60	+	29.05.1961
1129		DB	Hmb-Rothenburgsort	Z	23.11.65	+	20.06.1966
1130		DB KS	Kaiserslautern	Z	schon .47	+	1951 *
1131		DB	Bochum-Langendreer	Z	26.09.61	+	12.11.1962
1132		DB	Osnabrück Rbf	Z	30.05.61	+	04.12.1961
1133		DR	Altenburg	Z	26.05.66	+	02.05.1967
1134	→ 094 134-4	DB	Emden	Z	30.11.71	+	18.04.1972
1135		DB	München Ost	Z	20.07.64	+	30.11.1964

1130 Z-Stellung bei Süd-Westdeutscher-Eisenbahn-Gesellschaft (SWEG)

95   94 1136 - 1144

Offensichtlich treten die Schulkinder schon gut gelaunt ihren Heimweg zum Mittagessen an, während 94 1138 in Aschaffenburg im November 1967 noch mit einem Arbeitszug ihr Pensum verrichten muß.   *Foto: Ottmar Luppert*

1136		DB	München Ost	Z	12.09.60	+	18.06.1962
1137		DB	Aschaffenburg	Z	27.07.66	+	27.09.1966
1138	→ 094 138-5	DB	Wanne Eickel	Z	21.02.72	+	18.04.1972
1139		DB	München Ost	Z	16.07.62	+	15.11.1963
1140	→ 094 140-1	DB	Hamm	Z	05.02.68	+	21.06.1968 *
1141	→ 694.1141	ÖBB .45	Wiener Neustadt			+	20.02.1960
1142	→ 94 1142-2	DR	Arnstadt	Z	29.04.70	+	22.02.1971
1143	→ Tkw2-100	PKP .45	(*MA Berlin III* 04.30)				
1144		DB	Koblenz-Mosel	Z	30.01.62	+	28.05.1963 *

1140   Letztes Betriebs-Bw Osterfeld Süd, als Z-Lok 26.05.68: Hamm
1144   Letztes Betriebs-Bw Oberlahnstein, als Z-Lok 28.05.62: Koblenz-Mosel

94 1145 - 1156

Die Aufschrift von 94 1142 mag für sich sprechen, die seltene Aufnahme aus dem Heimat-Bw Weimar von 1951 aber sicherlich ebenso.   Foto-Sammlung: Hans-Jürgen Trunk

1145		DR	Wittenberge	Z	11.12.68	+	31.01.1969
1146		CSD/R.45	Lundenburg .45-.51				*
1147		DR	Altenburg			+	10.12.1966 *
1148		DB	Hamm G	Z	16.04.59	+	29.05.1961
1149	→ 094 149-2	DB	Hamm	Z	28.11.72	+	21.12.1972
1150	→ 094 150-0	DB	Emden	Z	07.05.73	+	24.08.1973
1151		DB	Osterfeld Süd	Z	16.05.67	+	14.11.1967
1152	→ 094 152-6	DB	Hamm	Z	19.04.68	+	02.10.1968
1153	→ 094 153-4	DB	Hamm	Z	14.10.69	+	03.12.1969
1154	→ Tkw2-101	PKP .45	RBD Danzig 12.44				
1155		DB	Hamm G	Z	24.09.59	+	30.09.1960
1156	→ 094 156-7	DB	Hamm	Z	29.11.68	+	19.09.1969

1146 Angeblich von CSD an SZD
1147 Mit Ausmusterungs-Verfügung von Rbd Halle verkauft an Bauunion Dresden

Wieder einmal tierisch wurde es im Bw Wittenberge, als Reiner Scheffler 1967 der 94 1145 begegnete.

In Hamm Pbf gelang Günter Krall bei bestem Sonnenlicht am 19. August 1972 diese Standaufnahme der 094 149 (ex 94 1149); schon wenig später, am 28.11.1972 war die Lok z-gestellt.

94 1157 - 1161

Auf dem Ablaufberg des Rbf Hohenbudberg mit dem markanten Reiterstellwerk ist am 17. August 1968 die 94 1150 (mit alter Nummer) tätig. *Foto: Dr.Werner Söffing*

1157		DB	Hamm G	Z	21.05.59	+	30.09.1960
1158		DB	Dortmund Rbf	Z	24.10.60	+	29.05.1961
1159		DB	Hamm G	Z	28.10.59	+	29.05.1961
1160		DB	Crailsheim	Z	20.12.66	+	24.02.1967
1161	→ 094 161-7	DB	Dortmund Rbf	Z	15.08.67	+	12.03.1968

99   94 1162 - 1191

1162		DB	Hamm G.	Z	04.03.64	+	01.09.1965
1163	→ 094 163-3	DB	Hamm	Z	24.10.68	+	27.11.1970
1164		DB	Aschaffenburg	Z	09.05.59	+	12.11.1962
1165		DB	Aschaffenburg	Z	23.02.66	+	20.06.1966
1166		DB	Mühldorf	Z	29.05.62	+	15.11.1963
1167		DR	Arnstadt	Z	15.05.67	+	02.05.1967 *
1168	→ 94 1168-7ˣ	DR	Arnstadt	Z	24.04.69	+	06.04.1970
1169		DB	Bochum-Dahlhausen	Z	26.01.65	+	01.09.1965
1170	→ 094 170-8	DB	Aschaffenburg	Z	30.01.68	+	21.06.1968
1171		DB	Hmb-Rothenburgsort	Z	19.01.61	+	04.12.1961
1172		DR	Suhl	Z	.65	+	18.10.1965
1173		DR	Leipzig Süd	Z	17.08.67	+	30.01.1968
1174	→ 94 1174-5ˣ	DR	Neubrandenburg	Z	23.09.69	+	06.04.1970
1175	→ 94 1175-2	DR	Meiningen	Z	06.12.74	+	05.05.1975
1176	→ 094 176-5	DB	Braunschweig	Z	08.08.67	+	12.03.1968
1177		DB	Würzburg	Z	21.08.63	+	30.11.1964
1178		DR	Leipzig-Wahren	Z	26.05.65	+	26.02.1966 *
1179		DB	Hannover Hgbf	Z	01.06.65	+	01.09.1965
1180	→ 094 180-7	DB	Hameln	Z	29.09.68	+	27.11.1970 *
1181		DB	Bremen Hbf	Z	03.06.65	+	01.09.1965
1182	→ 094 182-3	DB	Hmb-Rothenburgsort	Z	25.09.67	+	11.12.1968
1183		DB	Kaiserslautern	Z	25.01.63	+	01.07.1964
1184	→ 094 184-9	DB	Lehrte	Z	10.09.74	+	05.12.1974 *
1185		DB	Bochum-Dahlhausen	Z	01.05.65	+	01.09.1965
1186	→ 094 186-4	DB	Lehrte	Z	08.06.72	+	08.11.1972
1187		DB	Hmb-Eidelstedt	Z	11.04.62	+	12.11.1962
1188	→ 094 188-0	DB	Radolfzell	Z	01.11.67	+	12.03.1968
1189		DR	Arnstadt	Z	13.06.68	+	15.07.1968
1190	→ 094 190-6	DB	Hmb-Rothenburgsort	Z	13.01.68	+	12.03.1968
1191		DR	Eilenburg	Z	31.08.67	+	20.09.1967

1140 Letztes Betriebs-Bw Osterfeld Süd, als Z-Lok 26.05.68: Hamm
1144 Letztes Betriebs-Bw Oberlahnstein, als Z-Lok 28.05.62: Koblenz-Mosel
1146 Angeblich von ČSD an SŽD
1147 Mit Ausmusterungs-Verfügung von Rbd Halle verkauft an Bauunion Dresden
1167 Ausmusterungs-Antrag genehmigt vor Z-Stellung
1178 Mit Ausmusterungs-Verfügung von Rbd Halle verkauft an VEB „Kühlmöbelwerk Erfurt"
1180 Letztes Betriebs-Bw Löhne, als Z-Lok 01.02.70: Hameln
1184 Zur Zerlegung 1975 verkauft an Schrott-Firma Wilhelm & Ludwig, Hannover Leinhausen, 1990 als
       betriebsfähige Museumslok nach L4 an „Dampfbahnfreunde Kochertal"

Zahlreichen Dampflok-Freunden aus Ost- und Westdeutschland noch in guter Erinnerung. 94 1175 vom Bw Meiningen, eine der letzten drei T16.1 der DR, aufgenommen am 23. September 1974 im Bf.Suhl (oben rechts – Foto-Sammlung: Wohllebe).
Auf ihren Stammstrecken begegnet uns 94 1175 zwischen Suhl und Schleusingen am 14. Juli 1972 bei Hirschbach vor dem P 19092 (großes Foto: Dietmar Beckmann) und auf der Route Ilmenau - Schleusingen - Themar in der Nähe von Zollbrück am 19. August 1974 (Foto oben links: Detlef Winkler).

94 1192 - 1200

Bei der DB gehörte sie zu den letzten T16.1-Loks. 094 184 vom Bw Lehrte (hier mit alter Nummer 94 1184 bezeichnet) und 050 548 bei einer abschließenden Sonderfahrt von Hildesheim nach Altenau/Harz am 17. Februar 1974 in Wildemann.   *Foto: Dietmar Brämert*

1192	→ Tkw2-115	PKP .45	Katowice i.E. 1974					*
1193		DR	Eilenburg	Z	28.10.65	+	17.08.1967	
1194	→ Tkw2-61	PKP .45	Stettin Hgbf 12.02.44-29.11.44					
1195		DB	Osnabrück Rbf	Z	06.10.66	+	24.02.1967	
1196		DB	Bremen Hbf	Z	23.08.66	+	22.11.1966	
1197		DB	Aschaffenburg	Z	20.08.59	+	12.11.1962	
1198		DB	Karlsruhe	Z	17.04.61	+	12.11.1962	*
1199	→ 094 199-7	DB	Emden	Z	04.10.71	+	15.12.1971	
1200		DB	Aschaffenburg	Z	26.10.59	+	12.11.1962	

1192 Stettin Gbf 24.05.27-.43, Stargard 02.44
1198 Letztes Betriebs-Bw Würzburg, als Z-Lok 06.01.62: Karlsruhe

94 1201 - 1211

Bis 1972 waren die 94er noch in Emden beheimatet. Diese Aufnahme machte Günter Krall kurz vor dem Ende am 19. August 1971 von der 094 199 (ex 94 1199) in ihrem Heimat-Bw.

1201		DB	Karlsruhe	Z	26.05.61	+	12.11.1962 *
1202	→ T94 1202	SZD .49	Von ÖBB an SZD 26.01.49				*
1203		DRB KS	Aschaffenburg			+	20.09.1948
1204	→ 094 204-5	DB	Hmb-Rothenburgsort	Z	18.04.69	+	10.07.1969
1205		DB	Ludwigshafen	Z	09.06.58	+	20.11.1958
1206	→ 094 206-0	DB	Mannheim	Z	21.12.68	+	03.03.1969
1207	→ 094 207-8	DB	Emden	Z	21.02.74	+	09.06.1974
1208		DB	Hannover Hgbf	Z	20.04.65	+	01.09.1965
1209		DB	Kornwestheim	Z	10.08.59	+	28.05.1963
1210		DB	Kaiserslautern	Z	11.05.59	+	04.12.1961
1211		DB	Kaiserslautern	Z	13.02.63	+	01.07.1964

1201 Letztes Betriebs-Bw Karlsruhe als Z-Lok 06.01.62: Aschaffenburg
1202 Offenburg 04.43, Wiener Neustadt 05.43-26.01.49

104

Nr.	→	Bahn	Ort	Z	Datum		Ausmusterung
1212		DB	Kaiserslautern	Z	19.06.64	+	01.09.1965
1213	→ 094 213-6	DB	Hmb-Rothenburgsort	Z	08.11.68	+	03.03.1969
1214	→ 094 214-4	DB	Mühldorf	Z	14.07.67	+	12.03.1968
1215		DRB	Essen Nord			+	06.1931 *
1216		DB	Osterfeld Süd	Z	14.04.61	+	18.06.1962
1217		DB	Hamm G	Z	13.01.60	+	29.05.1961
1218		DB	Bhv-Geestemünde	Z	19.11.65	+	20.06.1966
1219		DB	Hamm G			+	19.04.1959
1220		DR	Merseburg	Z	26.05.66	+	30.01.1968
1221	→ 94 1221-4	DR	Meiningen	Z	19.03.74	+	11.04.1974
1222	→ 094 222-7	DB	Mannheim	Z	21.12.68	+	03.03.1969
1223	→ T94 1223	SZD .49	Von ÖBB an SZD 26.01.49				*
1224		DR	Eilenburg	Z	01.09.64	+	20.09.1967
1225		DB	Bremen Hbf	Z	22.03.67	+	05.07.1967
1226	→ 094 226-8	DB	Uelzen	Z	28.01.69	+	02.06.1971 *
1227		DB	Hmb-Wilhelmsburg	Z	01.01.67	+	05.07.1967
1228		DB	Hmb-Wilhelmsburg	Z	25.02.67	+	22.05.1967
1229		DB	Hmb-Eidelstedt	Z	17.10.58	+	30.09.1960
1230	→ 094 230-0	DB	Hmb-Rothenburgsort	Z	27.01.67	+	02.10.1968
1231		DB	Essen Nord	Z	05.12.60	+	29.05.1961
1232	→ 094 232-6	DB	Crailsheim	Z	07.06.69	+	19.09.1969
1233		DB	Radolfzell	Z	23.07.60	+	12.11.1962
1234		DB	Tübingen	Z	05.13.61	+	28.05.1963
1235	→ Tkw2-120	PKP .45	RBD Oppeln .36				
1236		CSD/R.45	Von CSD an SZD				*
1237	→ Tkw2-74	PKP .45	Ratibor .38				
1238		CSD/R.45	Von CSD an SZD?				*
1239		DB	Hmb-Rothenburgsort	Z	04.12.66	+	24.02.1967
1240	→ 094 240-9	DB	Saarbrücken	Z	19.08.70	+	22.09.1970
1241		DB	Bochum-Langendreer	Z	08.10.60	+	29.05.1961

1215 Unfall-Lok 1219 Hamm G bis 18.04.59, verkauft 04.59 an Klöckner Bergbau AG, Zeche Königsborn als Werklok Nr.l, bei RAG ab 1968 Bezeichnung D794
1223 Gloggnitz/ÖBB 05.45-26.01.49
1226 Letztes Betriebs-Bw Bremen Rbf, als Z-Lok 01.12.69: Uelzen
1236 Ratibor .38
1238 Ratibor .38

Fotos S. 104: Wie schon an anderer Stelle erwähnt, zählte auch das Bw Wuppertal-Vohwinkel zu jenen Dienststellen, bei denen die BR 94 stets willkommen war. So konnte Dr.Werner Söffing am 28. September 1968 die 94 1207 und 94 1516 hier ablichten, während Dieter Lindenblatt am 08. Februar 1969 noch ein Winter-Portrait der 094 207 an gleicher Stelle gelang.

94 1242 - 1251

94 1221 (Bw Arnstadt) hat im Oktober 1970 eine Rangierpause im Gbf von Arnstadt.
Foto: Rolf Vogel

1242	→ Tkw2-129	PKP .53	ÖBB .45 MAV .45, PKP .53				*
1243	→ 094 243-3	DB	Heilbronn	Z	24.02.69	+	10.07.1969
1244		DRB KS	Altenkirchen	Z	01.05.45	+	11.06.1946
1245		DB	Mannheim	Z	27.04.60	+	12.11.1962
1246		DRB KS	Altenkirchen 08.25-27.08.44				*
1247	→ 094 247-4	DB	Hmb-Rothenburgsort	Z	15.06.70	+	22.09.1970
1248		DB	Tübingen	Z	11.09.62	+	30.11.1964
1249	→ 094 249-0	DB	Koblenz-Mosel	Z	22.05.67	+	11.12.1968
1250	→ 094 250-8	DB	Hamm	Z	18.05.69	+	19.09.1969
1251		DB	Tübingen	Z	04.05.63	+	30.11.1964

1242 Offenburg 04.43, Wiener Neustadt 05.43-04.45, MAV 04.45, Celldömalk/MAV 06.46, an PKP .53
1246 Ab 28.08.44 RAW Darmstadt (noch 08.47 dort abgestellt)

107　　　　　　　　　　　　　　　　　　　　　94 1252 - 1264

Vor dem Rechteckschuppen ihres Heimat-Bw Mannheim wartet die 94 1222 am 23. Juli 1965 auf ihren nächsten Einsatz.　　　　　　　　　　　　　　*Foto: Peter Melcher*

1252		DRB KS	Ulm			+	01.10.1946
1253		DR	Nordhausen	Z	19.01.68	+	23.01.1968
1254	→ 094 254-0	DB	Mannheim	Z	03.07.69	+	19.09.1969
1255		DB	Kornwestheim	Z	01.09.59	+	28.05.1963
1256		ÖBB .45	KS Linz/Donau .45			+	25.01.1948
1257		DR	Naumburg	Z	27.01.66	+	14.01.1966 *
1258		DB	Mannheim	Z	28.05.67	+	14.11.1967
1259	→ Tkw2-75	PKP .45	RBD Breslau/Oppeln .36				
1260	→ Tkw2-76	PKP .45	Gleiwitz 12.44				
1261	→ Tkw2-102	PKP .45	Tarnowskie Gory i.E. 04.1972				*
1262	→ Tkw2-77	PKP .45	RBD Breslau/Oppeln .36				
1263	→ Tkw2-78	PKP .45	RBD Breslau/Oppeln .36				
1264	→ Tkw2-103	PKP .45	RBD Breslau/Oppeln .36				

1257 Ausmusterungs-Antrag genehmigt vor Z-Stellung!
1261 RBD Breslau/Oppeln .36

Mit einem Rangierzug ist 94 1243 (Bw Heilbronn) am 04. April 1968 auf der Neckarbrücke unweit von Heilbronn Hbf unterwegs. Foto: Reinhard Gumbert
Im Bf.Singen entstand am 02. Mai 1967 dieses Bild der 94 1254 vom Bw Radolfzell, die dort mit einem Kurswagen (Schürzenwagen) rangierte. Foto: Ludwig Rotthowe

94 1265 - 1275

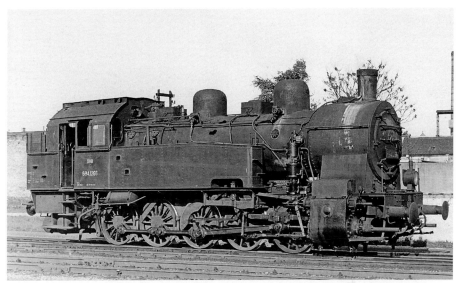

694.1266 gehörte zu den in Österreich gebliebenen Maschinen der Baureihe 94. Mag.pharm Alfred Luft fotografierte die Lok am 21. Mai 1956 in Wiener Neustadt, ihrer letzten Zugförderungsstelle.

1265		DR	Angermünde	Z	10.04.68	+	26.07.1968
1266	→ 694.1266	ÖBB .45	Wiener Neustadt			+	05.06.1961
1267		DB	Karlsruhe	Z	08.05.59	+	12.11.1962
1268	→ 094 268-0	DB	Crailsheim	Z	25.02.69	+	10.07.1969
1269		DB	Kornwestheim	Z	14.06.60	+	28.05.1963
1270		ÖBB .45 KS	Wels			+	09.02.1947
1271		DB	Kaiserslautern	Z	01.04.65	+	04.03.1966
1272		DB	Darmstadt	Z	01.09.66	+	22.11.1966
1273		DB	Nördlingen	Z	01.07.59	+	04.12.1961
1274	→ 694.1274	ÖBB .51/R ÖBB .45 MAV .45, MAV/R .51				+	15.12.1953 *
1275		DB	Bremen Hbf	Z	28.06.65	+	06.01.1966

1274 Ulm 04.43, Wiener Neustadt 05.43-04.45, MAV 04.45, Dombovar/MAV 06.46-Rückgabe ÖBB 20.11.51

94 1276 - 1286

Am 30. Juni 1958 warf Mag.pharm.Alfred Luft einen Blick in die Einfahrt des Hamburger Hbf, wo die 94 1276 mit einem langen Güterzug unterwegs war.

1276		DB	Hmb-Wilhelmsburg	Z 01.12.66	+ 24.02.1967
1277		SZD .45	(vmtl. RBD Oppeln .40)		
1278		CSD/R.45	Von CSD an SZD		
1279		DR	Eilenburg	Z 26.05.65	+ 02.05.1967
1280	→ 094 280-5	DB	Hmb-Rothenburgsort	Z 08.08.68	+ 10.07.1969
1281	→ 094 281-3	DB	Löhne	Z 01.08.67	+ 02.10.1968
1282		DB	Hamm G		+ 05.08.1960 *
1283		DB	Hamm G		+ 09.09.1959 *
1284		DB	Osterfeld Süd	Z 08.09.60	+ 29.05.1961
1285		DB Rück	Crailsheim	Z 07.06.58	+ 20.11.1958 *
1286	→ 094 286-2	DB	Dortmund Rbf	Z 02.12.67	+ 12.03.1968

1282 Verkauft 1960 an Klöckner Bergbau AG,
Zeche Monopol als Werklok Nr.6, bei RAG Bezeichnung D 792
1283 Verkauft 1959 an Klöckner Bergbau AG,
Zeche Monopol als Werklok Nr.4, bei RAG Bezeichnung D 791
1285 RBD Oppeln .43, CSD .45-Rückgabe DB/BD Regensburg 10.05.49,
EAW Durlach 06.07.49-08.49

111 94 1287 - 1298

94 1283, welche 1959 bei der RAG an die Zeche „Monopol" als Lok Nr. VI verkauft wurde, hatte im Januar 1967 eine Untersuchung im AW Lingen. Foto: Peter Große

1287		DR	Merseburg			+	01.10.1968 *
1288		DB	Hmb-Rothenburgsort	Z	24.03.61	+	04.12.1961
1289	→ 094 289-6	DB	Hmb-Rothenburgsort	Z	19.09.65	+	12.03.1968
1290		DB	Bremen Hbf	Z	24.01.67	+	22.05.1967
1291		DR	Eilenburg			+	22.06.1967 *
1292	→ 94 1292-5	DR	Meiningen				*
1293		CSD/R.45	Von CSD an SZD?				
1294	→ Tkw2-62	PKP .45	RBD Danzig 12.44				
1295	→ Tkw2-79	PKP .45	(RBD *Erfurt* .40)				
1296		DR	Altenburg	Z	26.11.64	+	05.04.1965
1297		DR	Angermünde	Z	07.08.68	+	27.11.1968
1298	→ Tkw2-63	PKP .45	Stargard 02.44				

1287 Mit Ausmusterungs-Verfügung von Rbd Halle verkauft an Großmarkthalle Leipzig
1291 Mit Ausmusterungs-Verfügung von Rbd Erfurt verkauft an
   Kaliwerk „Werra", Merkers/Rhön als Werklok Nr.2
1292 Betriebsfähige Traditionslok der DR,
   im hiesigen Umzeichnungsplan vom 01.01.92 als „088 945-1" bezeichnet

Im Bw Eilenburg traf der Fotograf am 10. Mai 1965 die Schwesterlok der jetzigen Museumslok 94 1292 an. 94 1291 mit einer Reihe abgestellter Dampflokomotiven.   *Foto: Illner*

Jahrzehnte war die 94.5 in Schleusingen alltäglich. 94 1292, die oft zitierte Museumslok, gehörte am 05. Oktober 1966 noch zum Bw Suhl und rangierte an ihre Garnitur, um die Rückreise nach Suhl anzutreten.   *Foto: Gerd Kolb*

Auf dem Rennsteig konnte auch 94 1292 - allen Eisenbahnfreunden als spätere Traditionslok bekannt - am 28. Juni 1968 noch im Plandienst beobachtet werden.
Foto: Mag.pharm.Alfred Luft

Am 18. Mai 1985 war die Lok im Bw Löbau während einer von vielen feierlichen Anlässen/ Jubiläen zu Gast.
Foto: Gotthard Paul

Letztendlich noch eine bildliche Würdigung an die 94 1292. Oben sehen wir sie bei einer Sonderfahrt durch den Thüringer Wald in winterlicher Landschaft am 18. Februar 1978 bei Schleusingen-Neundorf und anschliessend bei einer weiteren Sonderfahrt am 25. Oktober 1982 vor dem Bahnhofsgebäude von Ebersdorf-Friesau.   *Beide Fotos. Michael Malke*

115   94 1299 - 1310

Hier erkennt man zweifelsfrei, daß 94 1292 nicht mehr zum Alltagsgeschehen bei der DR zählte, sondern als „Filmstar" für Aufnahmen im Tagebau Gräfenhainichen am 12. Juli 1978 herangezogen wurde.
Foto: Matthias Nieke

1299		DB	Mannheim	Z	13.01.65	+	01.09.1965
1300	→ Tkw2-80	PKP .45	RBD Danzig 12.44				
1301	→ 94 1301-4[x]	DR	Magdeburg	Z	27.02.69	+	14.07.1969
1302		DB	Hmb-Rothenburgsort	Z	01.06.66	+	27.09.1966
1303		DR	Meiningen	Z	19.02.68	+	03.01.1968 *
1304		SZD n.45					
1305	→ Tkw2-81	PKP .45	RBD Danzig 12.44				
1306		DB	Hamm G	Z	05.10.66	+	24.02.1967
1307	→ 094 307-6	DB	Hmb-Rothenburgsort	Z	21.06.72	+	08.11.1972
1308	→ 094 308-4	DB	Hmb-Rothenburgsort	Z	14.07.71	+	15.12.1971
1309		DB	Bremen Hbf	Z	27.12.66	+	22.05.1967
1310		DB	Hmb-Rothenburgsort	Z	24.01.67	+	22.05.1967

1303 Ausmusterungs-Antrag genehmigt vor Z-Stellung, Lok war bis 20.01.68 im Einsatz!

94 1311 - 1340

1311		DB	Hmb-Rothenburgsort	Z	24.10.66	+	05.07.1967
1312	→ 094 312-6	DB	Löhne	Z	12.09.68	+	11.12.1968
1313		DB	Münster	Z	11.04.-61	+	04.12.1961
1314		DB	Osnabrück Rbf	Z	09.04.62	+	18.06.1962
1315	→ 094 315-9	DB	Braunschweig	Z	26.09.68	+	11.12.1968
1316		DB	Osnabrück Rbf	Z	25.05.61	+	04.12.1961
1317		DB	Bremen Hbf	Z	24.01.67	+	22.05.1967
1318		DB	Hmb-Wilhelmsburg	Z	02.07.66	+	27.09.1966
1319	→ 094 319-1	DB	Hmb-Rothenburgsort	Z	30.08.67	+	03.03.1969 *
1320		DB	Hmb-Wilhelmsburg	Z	26.02.65	+	03.06.1965
1321		DB	Hmb-Rothenburgsort	Z	25.04.67	+	05.07.1967
1322	→ T94 1322	SZD .49	Von ÖBB an SZD 29.01.49				*
1323	→ Tkw2-116	PKP .45	RBD Danzig 12.44				
1324		DR	Altenburg	Z	08.09.66	+	30.05.1967
1325		DR	Merseburg	Z	29.02.68	+	25.03.1968
1326		DB	Hmb-Rothenburgsort	Z	04.10.65	+	06.01.1966
1327	→ Tkw2-104	PKP .45	Schneidemühl Vbf ab 02.43				*
1328		DR	Mgb-Rothensee	Z	09.11.67	+	18.01.1968
1329	→ 94 1329-5	DR	Meiningen *letzte 8 DR*	Z	19.03.74	+	13.05.1974
1330		DR	Neubrandenburg	Z	07.10.67	+	05.12.1967
1331	→ 94 1331-1ˣ	DR	Mgb-Rothensee	Z	12.02.69	+	21.03.1969
1332		DR	Mgb-Rothensee	Z	14.09.67	+	18.01.1968
1333		CSD/R.45	Von CSD an SZD				
1334		DR	Merseburg			+	01.02.1964 *
1335		DR	Naumburg	Z	19.03.68	+	29.04.1968
1336		DR	Falkenberg	Z	22.02.66	+	18.05.1967
1337		DR	Merseburg			+	20.05.1965 *
1338		DR	Eilenburg	Z	26.05.66	+	30.05.1967
1339		DR	Stralsund	Z	10.10.67	+	19.02.1969
1340		DRB	Oberröblingen 31.01.1936				VU

1319 Letztes Betriebs-Bw Hamburg-Wilhelmsburg, als Z-Lok 24.09.67: Hamburg-Rothenburgsort
1322 Mannheim 03.43, Straßhof/ÖBB 04.43-(Z 10.45), Mistelbach/ÖBB bis 29.01.49
1327 Rollfähige Aufarbeitung ca. 1990 im Bw Peiskretscham, vorgesehen zum Transport nach Königzelt
1334 Mit Ausmusterungs-Verfügung von Rbd Halle verkauft
      an Braunkohle-Kraftwerk Geiseltal/Braunsbedra
1337 Mit Ausmusterungs-Verfügung von Rbd Halle verkauft an Braunkohle-Kraftwerk Großkayna

---

Foto rechts unten: So sah im Zeitraum von 1958 eine „echte" 94er bei der DR aus: hier handelt es sich um 94 1325 beim Bw Altenburg.   *Foto-Sammlung: Detlef Winkler*

Von den elf Loks der Gattung T16.1, die das Bw Hannover Hgbf 1964 noch im Bestand hatte, konnte Rainer Matthies am 14. März dieses Jahres die 94 1312 im Heimat-Bw ablichten.

94 1341 - 1348 118

94 1329 rangiert im Juli 1973 im Heimat-Bw Arnstadt mit einem Kohlenstaubtender.
Foto: Wolfgang Kleiber

1341	→ T94 1341	SZD .49	Von ÖBB an SZD 26.01.49				*
1342		DR	Weimar			+	02.1953 *
1343		DB	Darmstadt	Z	30.09.65	+	04.03.1966
1344	→ 094 344-9	DB	Hamm	Z	13.02.70	+	24.06.1970
1345		DR	Merseburg	Z	12.08.65	+	14.06.1967
1346	→ 94 1346-9	DR	Eisenach	Z	26.03.73	+	14.06.1973
1347		CSD/R.45	Von CSD an SZD				*
1348		DR	Eilenburg	Z	17.09.66	+	01.02.1967 *

1341 Mannheim 02.43, Straßhof/ÖBB 03.43 (Z 10.45) bis 26.01.49
1342 Leipzig Bayerischer Bf. .46-24.05.47, an SMA 25.05.47,
  buchmäßig abgesetzt für SZD 10.08.47,
  ab 14.01.48 im Z-Park Bw Berlin Rummelsburg,
  ab 14.07.48 im Z-Park Bw Weimar.
1347 RBD Oppeln .43
1348 Mit Ausmusterungs-Verfügung von Rbd Halle verkauft an Betonwerk Gröbzig (Bez. Halle)

119 94 1349 - 1356

Am 08. Oktober 1970 ist die gleiche Maschine im Bahnhof Ilmenau abfahrbereit vor ihrem Personenzug.   *Foto: Detlef Winkler*

1349	→ Tkw2-117	PKP .45	RBD Danzig 12.44			
1350		DR	Röblingen	Z 08.09.66	+	02.05.1967
1351		CSD/R.45	Von CSD an SZD			
1352		DR	Arnstadt	Z 11.09.68	+	11.10.1968
1353		DB	Hamburg-Harburg	Z 01.11.59	+	29.05.1961 *
1354		DR	Eilenburg	Z 18.01.68	+	05.03.1968
1355		DR	Eilenburg		+	26.05.1965 *
1356	→ 094 356-3	DB	Hmb-Rothenburgsort	Z 15.08.67	+	10.07.1969 *

1353 Letztes Betriebs-Bw Hamburg-Wilhelmsburg, als Z-Lok: Hmb-Harburg
1355 Nach Ausmusterungs-Verfügung von Rbd Halle als Werklok im Raw Halle eingesetzt
      (1970 noch im Einsatz)
1356 Letztes Betriebs-Bw Hamburg Wilhelmsburg, als Z-Lok 24.09.67: Hamburg-Rothenburgsort

120

94 1338 in Falkenberg/Elster, aufgenommen ca. 1938.   *Foto-Sammlung: Detlef Winkler*

94 1357 - 1369

Eine der wenigen T16.1, die bis zum Schluß dem Bw Eisenach angehörten, war 94 1346. Sie wurde im Oktober 1971 im Bahnhof Schleusingen fotografiert.   Foto: Rolf Vogel

1357		DB	Dortmund Rbf	Z	10.11.64	+	01.09.1965
1358	→ 094 358-9	DB	Dortmund Rbf	Z	16.01.68	+	21.06.1968
1359	→ 094 359-7	DB	Wanne Eickel	Z	31.05.68	+	02.10.1968
1360	→ 094 360-5	DB	Hmb-Rothenburgsort	Z	15.08.72	+	08.11.1972
1361	→ 094 361-3	DB	Emden	Z	12.09.72	+	22.12.1972
1362	→ 094 362-1	DB	Hamm	Z	29.01.68	+	21.06.1968
1363		DB	Ludwigshafen	Z	07.07.58	+	20.11.1958
1364		DB	Kaiserslautern	Z	16.10.59	+	04.12.1961
1365		DB	Oberlahnstein	Z	12.06.59	+	04.12.1961
1366		DB	Dsd-Derendorf	Z	17.04.62	+	15.11.1963
1367	→ 094 367-0	DB	Stolberg	Z	28.06.68	+	27.11.1970
1368		DB	Bremen Hbf	Z	09.06.65	+	06.01.1966
1369		DB	Bremen Hbf	Z	14.09.60	+	04.12.1961

Foto links unten: Mitte der 30er-Jahre dürfte auch diese Aufnahme im mitteldeutschen Raum der 94 1345 entstanden sein. Am Wasserkasten prangt „zeitgenössischer" Zierrat, u.a. „Sag ja zum Führer".   Foto-Sammlung: Wohllebe

94 1370 - 1380

1370		DB	Hannover Hgbf	Z	27.03.61	+	04.12.1961
1371		DB	Hannover Hgbf	Z	06.01.66	+	20.06.1966
1372		DB	Hannover Hgbf	Z	14.05.66	+	27.09.1966
1373	→ 094 373-8	DB	Lehrte	Z	08.08.69	+	02.06.1971
1374		DR	Merseburg	Z	15.12.65	+	30.01.1968
1375		DRB	Karlsruhe G .45				VU
1376		DB	Tübingen	Z	01.06.64	+	03.06.1965
1377	→ 094 377-9	DB	Crailsheim	Z	08.07.67	+	12.03.1968
1378	→ 094 378-7	DB	Flensburg	Z	11.01.71	+	09.09.1971 *
1379		DB	Koblenz/Mosel	Z	29.06.60	+	12.11.1962 *
1380	→ 94.1380	SZD .45					*

1378 ex AL T16.1 8113 1915, Umz. in 94 465 .25, richtige Umz. 10.34
1379 ex AL T16.1 8115 1915, Umz. in 94 466 .25, richtige Umz. 10.34
1380 ex AL T16.1 8116 1915, Umz. in 94 467 .25, richtige Umz. 10.34

Foto oben: Zwischenstation zwischen Altenburg und Meuselwitz legt 94 1352 mit vollem Kohlevorrat in Rositz ein, Aufnahme von ca.1957.   *Foto-Sammlung: Detlef Winkler*

Trotz Sonntagsruhe wurde dem Fotografen im April 1968 beim Bw Stolberg die 94 1361 von freundlichem Personal aus dem Schuppen herausgezogen.   *Foto: Karl-Heinz Jansen*

Im April 1967 konnte Peter Große 94 1361 zusammen mit einer Schwesterlok bei der Ausfahrt aus dem Bf.Alsdorf vor einem schweren Kohlezug erleben.

Waren das noch Zeiten, als 094 361 (ex 94 1361) noch große Güterzüge wie hier am 19. August 1971 durch den Bf.Emden-West transportierte.   Foto: Günter Krall

Viel Glück hatte der Bildautor, als am 30. Oktober 1971 der normalerweise mit einer V60 bespannte Personenzug von Emden Hbf nach Emden-Außenhafen ersatzweise mit der 094 361 (Bw Emden) bespannt wurde.   Foto: Wieland Proske

94 1377 (Bw Crailsheim) rangierte im Januar 1967 in der Bahnhofsausfahrt von Crailsheim in Richtung Ansbach. *Foto: Gottfried Turnwald*

Zu den wenigen 94ern des Bw Flensburg gehörte 094 378 (ex 94 1378, ehem. AL T16.1 8113 von 1915 = 94 465 bis Umzeichnung 10.1934), welche am 18. August 1970 auf dem Ablaufberg in Flensburg-Weiche kräftig „drückt". *Foto: Hans Schülke*

94 1381 - 1398

1381		DB	Mühldorf	Z	12.09.60	+	18.06.1962	*
1382	→ 94.1382	SZD .45	(RBD *Saarbrücken/Trier* .35)					*
1383	→ 094 383-7	DB	Heilbronn	Z	30.01.68	+	21.06.1968	*
1384		DB	Oberlahnstein	Z	12.05.58	+	20.11.1958	*
1385	→ Tkw1-2 Dz	PKP .40	DRB .41, Danzig .40-12.44					
	→ Tkw2-37	PKP .45						
1386	→ Tkw1-3 Dz	PKP .40	DRB .41, Danzig .40-12.44					
	→ Tkw2-38	PKP .45						
1387	→ Tkw1-23	PKP .40	DRB .41, RBD Oppeln .44					
	→ Tkw2-128	PKP .52	ÖBB .45, MAV .45, PKP .52					*
1388	→ Tkw1-24	PKP .40	DRB .41					
	→ Tkw1-126	PKP .49	CSD/R .45					
1389	→ Tkw1-25	PKP .40	DRB .41					
		DR	Güstrow	Z	19.08.65	+	24.10.1966	
1390	→ Tkw1-27	PKP .40	DRB .41, Auschwitz .43					
	→ Tkw2-125	PKP .49	CSD/R .45					
1391	→ Tkw1-28	PKP .40	DRB .41					
		DR	Saßnitz			+	13.12.1968	*
1392	→ Tkw1-29	PKP .40	DRB .41, Gloggnitz 02.45					
	→ Tkw2-122	PKP .48	ÖBB .45-.47, PKP ab 23.09.48					*
1393	→ Tkw1-30 39	PKP .40	DRB .41, Oppeln 12.					
	→ Tkw2-18	PKP .45						
1394	→ Tkw1-31	PKP .40	DRB.41, Morgenroth 12.44					
	→ 94.1394	SZD .45	Von DRB an SZD .44/.45					
1395	→ Tkw1-32	PKP .40	DRB .41, vmtl. RBD Oppeln .40					
	→ Tkw2-33	PKP .45						
1396	→ Tkw1-33	PKP .40	DRB .41, vmtl. RBD Oppeln .40					
	→ Tkw2-26	PKP .45						
1397	→ Tkw1-34	PKP .40	DRB .41, CSD/R .45-.47					
	→ Tkw2-123	PKP .48						
1398	→ Tkw1-37	PKP .40	DRB .41, RBD Oppeln bis 03.45					
		DR	Naumburg	Z	23.03.67	+	03.10.1967	

1381 ex Saar T 16.1 8101 1913, Einreihung bei DRB 01.03.35
1382 ex Saar T 16.1 8102 1913, Einreihung bei DRB 01.03.35
1383 ex Saar T 16.1 8103 1913, Einreihung bei DRB 01.03.35
1384 ex Saar T 16.1 8104 1913, Einreihung bei DRB 01.03.35
1379 Letztes Betriebs-Bw Oberlahnstein, als Z-Lok 28.05.62: Ko-Mosel
1387 Räumlok der RBD Oppeln .45, RBD Wien (vmtl. Wiener Neustadt) 04.45,
   MAV 04.45, Rakos/MAV 06.46, bei PKP .52
1391 Mit Ausmusterungs-Verfügung verkauft von Rbd Greifswald an „VEB Landtechnik Malchin"
1392 Graz/ÖBB 05.45, Ri. Osten .47, PKP ab 23.09.48

Bis zu ihrer Ausmusterung war 94 1384 (+ 20.11.1958) beim Bw Oberlahnstein beheimatet; wahrscheinlich wurde sie auch hier fotografiert.   *Foto-Sammlung: Detlef Winkler*

Die PKP-Lok 94 1385 (= Tkw1-2 Danzig, nach 1945 Tkw2-37) war nachweisbar bis Dezember 1944 beim Bw Danzig stationiert; die genauen Bilddaten sind leider unbekannt.
     Foto-Sammlung: Detlef Winkler

94 1399 - 1414

1399	→ Tkw1-38	PKP .40	DRB .41				
	→ 94 1399-8[x]	DR	Wittenberge	Z	01.02.70	+	10.03.1970
1400	→ Tkw1-42	PKP .40	DRB .41, Oderberg .43, CSD .45				
	→ Tkw1-33	PKP .46	(Ordnungs-Nr. neu besetzt!)				(+ 1944) *
1401	→ Tkw1-44	PKP .40	DRB .41, vmtl. RBD Oppeln 40, CSD .45-.47				
	→ Tkw2-124	PKP .48					
1402	→ Tkw1-45	PKP .40	DRB .41, vmtl. RBD Oppeln .40, CSD .45				
	→ Tkw1-34	PKP .46	(Ordnungs-Nr. neu besetzt!)				
1403	→ Tkw1-46	PKP .40	DRB .41, vmtl. RBD Oppeln .40, CSD .45?				
	→ Tkw1-31	PKP .46	(Ordnungs-Nr. neu besetzt!)				
1404	→ Tkw1-47	PKP .40	DRB .41, Morgenroth .44				
		DR	Merseburg	Z	08.09.66	+	30.05.1967
1405	→ Tkw1-48	PKP .40	DRB .41, Oderberg .44				
		DB	Radolfzell	Z	20.08.59	+	12.11.1962
1406	→ Tkw1-49	PKP .40	DRB .41				
		DR	Altenburg	Z	22.12.66	+	30.05.1967
1407	→ Tkw1-52	PKP .40	DRB.41, Morgenroth 01.45				
	→ Tkw2-121	PKP .48	ÖBB ..45-.47, SZD .47?, PKP ab 23.09.48				*
1408	→ Tkw1-53	PKP .40	DRB .41, Morgenroth 12.39				
		DR	Eilenburg	Z	11.07.67	+	20.09.1967
1409	→ Tkw1-54 P	PKP .40	DRB .41, vmtl. RBD Oppeln .40, CSD .45-.47				
	→ Tkw1-36	PKP .48					
1410	→ Tkw1-55	PKP .40	DRB .41				
		DR	Merseburg	Z	23.03.57	+	30.05.1967
1411	→ Tkw1-56	PKP .40	DRB .41, vmtl. RBD Oppeln .40, CSD/R. 45				
	→ Tkw2-127	PKP .49					
1412	→ Tkw1-57	PKP .40	DRB .41, Oppeln 12.39				
	→ Tkw-64	PKP .46					
1413	→ Tkw1-50	PKP .40	DRB .44, RBD Oppeln bis 03.45				
	→ 094 413-2	DB	Hmb-Rothenburgsort	Z	11.01.71	+	02.06.1971
1414	→ Tkw1-35	PKP .40	DRB .44, vmtl. RBD Oppeln .40				
	→ Tkw2-34	PKP .45					

1400 Lok wurde infolge schwerer Kriegsschäden bei der DRB bereits vor 1945 ausgemustert.
Sie wird jedoch 1945 im CSD-Bestand ausgewiesen und im PKP-Umzeichnungsplan von 1946 als Tkw1-33 aufgeführt!
1407 Räumlok der RBD Oppeln ab 01.02.45 (noch Bw Morgenroth),
Villach 02.45, Graz/ÖBB .45, Ri. Osten .47, PKP ab 23.09.48

Und noch ein historisches Foto mit Fragezeichen. Die Tkw1-30 (= 94 1393) ist auf unserem Bild mit der Aufschrift „Deutsch" versehen, weiterhin konnte zweifelsfrei die Bw-Aufschrift von Oppeln ermittelt werden.   Foto-Sammlung: Detlef Winkler

94 1399 (ex PKP Tkw1-38) traf der Fotograf am 25. März 1969 mit der Bezeichnung „Rudel" im Bw Erfurt G an, die Lok gehörte allerdings zum Bw Wittenberge. Foto: Bernd Wüstemann

94 1415 - 1527

1415	→ Tkw1-26	PKP .40	DRB .44, OBD Lemberg 08.44				
		DR	Nordhausen	Z	04.65	+	15.06.1965
1416	→ Tkw1-40	PKP .40	DRB .45, OBD Lemberg 08.44				
		DR	Stralsund	Z	29.02.68	+	12.03.1968
1501		DB	Hmb-Rothenburgsort	Z	29.06.66	+	24.02.1967
1502		DB	Bremen Hbf	Z	31.01.67	+	22.05.1967
1503		DB	Bremen Hbf	Z	04.10.66	+	22.05.1967
1504		DR	Merseburg	Z	28.09.67	+	20.12.1967
1505	→ 94 1505-5^x	DR	Meiningen	Z	10.09.69	+	04.11.1969
1506	→ Tkw2-105	PKP .45	RBD Breslau/Oppeln .36				
1507	→ Tkw2-82	PKP .45	RBD Breslau/Oppeln .36				
1508	→ Tkw2-83	PKP .45	RBD Breslau/Oppeln .36				
1509	→ Tkw2-84	PKP .45	RBD Breslau/Oppeln .36				
1510		DB	Bremen Hbf	Z	12.11.66	+	22.05.1967
1511		DB	Bhv-Geestemünde	Z	07.06.66	+	22.11.1966
1512		DB	Koblenz Mosel	Z	26.04.63	+	30.11.1964
1513		DB	Crailsheim	Z	15.06.60	+	28.05.1963
1514	→ 094 515-4	DB	Hmb-Rothenburgsort	Z	25.08.71	+	15.12.1971
1515	→ 159-001	JZ .45	Von ÖBB an JZ 05.45				*
1516	→ 094 516-2	DB	Wt -Vohwinkel	Z	01.04.71	+	02.06.1971
1517		DRB KS	Wt-Vohwinkel			+	30.08.1945 *
1518		DB	Karlsruhe Rbf	Z	22.10.59	+	12.11.1962
1519		DB	Karlsruhe Rbf	Z	01.04.60	+	12.11.1962
1520		DB	Mannheim	Z	12.02.65	+	01.09.1965
1521	→ 694.1521	ÖBB .45	Wiener Neustadt			+	26.03.1965 *
1522	→ 094 522-0	DB	München Ost	Z	20.05.68	+	02.10.1968
1523	→ 094 523-8	DB	Mannheim	Z	07.11.67	+	22.09.1970
1524	→ 094 524-6	DB	Mannheim	Z	01.06.67	+	11.12.1968
1525		DB	München Ost	Z	30.08.65	+	04.03.1966 *
1526	→ T 94 1526	SZD .49	Von ÖBB an SZD 29.01.49				*
1527		DB	Bremen Hbf	Z	11.03.67	+	05.07.1967

1515 Peiskretscham bis 01.45, Räumlok der RBD Oppeln beim Bw Villach ab 01.02.45. Die Lok stand daraufhin 1945 im Karawankentunnel abgestellt und verblieb nach Kriegsende bei der JZ. Ursprüngliche Bezeichnung bei JZ: 165-001 05.45-47, ab .47:159-001
1517 Verschrottung am 24.01.1946
1521 Verkauft 26.03.1965 an „Voest Alpine Montan", Donawitz; Bezeichnung: 1001.2 , 1970 noch im Einsatz
1525 Unfall-Lok des Bw Mühldorf im AW Offenburg abg. und laut HVB-Verfügung erstmalig am 06.01.1966 ausgemustert; anschließend buchmäßige Umbeheimatung nach München Ost
1526 Wiener Neustadt/ÖBB 05.45-29.01.49

Zu einem unbekannten Zeitpunkt fotografierte Gerhard Illner die 94 1408 (ex Tkw1-53) in Halle/Saale. 1967 wurde sie beim Bw Eilenburg ausgemustert. Foto-Sammlung: Michael Malke

Auf der Strecke Deuben - Großkorbetha entstand im April 1964 von 94 1410 im Bf.Pörsten(ex PKP Tkw1-53) diese Aufnahme. Am Bildrand links sind übrigens Umrisse der 83 1002 zu erkennen. Foto-Sammlung: Detlef Winkler

94 1528 - 1557

1528		DB	Braunschweig	Z	19.12.66	+	22.05.1967
1529	→ 094 529-5	DB	Bremen Hbf	Z	24.05.67	+	11.12.1968
1530	→ 094 530-3	DB	Hmb-Rothenburgsort	Z	23.11.66	+	02.10.1968
1531	→ 094 531-1	DB	Emden	Z	07.03.72	+	24.08.1972
1532		DB	Dillenburg	Z	04.05.54	+	28.05.1954
1533	→ 095 533-7	DB	Emden	Z	31.05.72	+	15.08.1972
1534		DB	Oberlahnstein	Z	19.05.58	+	20.11.1958
1535		DR	Suhl	Z	.65	+	03.08.1965
1536	→ 094 536-0	DB	Goslar	Z	22.09.71	+	15.12.1971
1537	→ 094 537-8	DB	Mannheim	Z	02.12.67	+	21.06.1968
1538	→ 094 538-6	DB	Dillenburg	Z	22.12.71	+	18.04.1972
1539	→ 094 540-2	DB	Emden	Z	15.08.72	+	08.11.1972
1540		DRB KS	Dillenburg			+	12.03.1946
1541		DB	Dillenburg	Z	07.02.59	+	20.07.1959
1542		DB	Hmb-Rothenburgsort	Z	26.02.65	+	03.06.1965
1543	→ 094 543-6	DB	Hamm	Z	19.01.69	+	10.07.1969
1544		DB	Kornwestheim	Z	24.04.60	+	28.05.1963
1545	→ 094 545-1	DB	Lehrte	Z	05.02.69	+	04.03.1970
1546	→ 094 546-9	DB	Dillenburg	Z	25.05.67	+	11.12.1968 *
1547		DB	Braunschweig	Z	17.03.61	+	04.12.1961
1548		DB	München Ost	Z	04.04.64	+	04.03.1966
1549		DB	München Ost	Z	12.09.60	+	18.06.1962
1550		DB	München Ost	Z	05.08.66	+	22.05.1967
1551	→ 094 551-9	DB	Mühldorf	Z	12.07.67	+	11.12.1968
1552		DRB KV	München Ost			+	23.10.1944
1553		DB	Hamm G	Z	01.02.60	+	29.05.1961
1554		DB	Hamm G	Z	18.05.60	+	29.05.1961
1555	→ 94 1555-5	DR	Stralsund	Z	30.04.70	+	17.12.1970
1556		DB	Hamm G	Z	27.01.60	+	29.05.1961
1557	→ 094 559-2	DB	Lehrte	Z	08.08.69	+	02.06.1971

1546 Letztes Betriebs-Bw Darmstadt, als Z-Lok 30.05.67: Dillenburg

Erinnerungen an die 94er-Epoche beim Bw Dillenburg sollen die nachstehenden Bilder hervorrufen. Im April 1968 fährt 94 1533 mit dem Personenzug 3148 in den dortigen Bahnhof ein.
Foto: Peter Große

Die 094 538 (ex 94 1538) blieb als einzige ihrer Art vom Bw Dillenburg als Denkmallok erhalten. Hier steht sie noch einsatzbereit am 09. Juli 1968 in ihrem Heimat-Bw.
Foto: Hartmut Weidt

Diese Garnitur stilechter Personenzugwagen beförndert 094 538 im Sommer 1968 auf ihrer Stammstrecke Dillenburg - Wallau. Foto: Hartmut Weidt

Der Abschied. 094 540 (ex 94 1539) vor einem Sonderzug am 30. April 1972 im Bf. Hirzenhain. Die Umbeheimatung nach Emden änderte auch nichts mehr am Schicksal der Lok (+ 08.11.1972). Foto: Peter Große

94 1558 - 1575

1558		DB	Hmb-Wilhelmsburg	Z	08.02.65	+	03.06.1965
1559		DB	Münster	Z	07.03.61	+	04.12.1961
1560	→ 094 560-0	DB	Hamm	Z	11.01.71	+	02.06.1971
1561	→ 094 561-8	DB	Emden	Z	15.11.73	+	06.03.1974
1562		DB	Münster	Z	04.10.61	+	18.06.1962
1563	→ 094 563-4	DB	Dortmund Rbf	Z	09.02.68	+	21.06.1968
1564	→ 94 1564-7ˣ	DR	Arnstadt	Z	11.09.69	+	08.04.1969
1565		DB	Koblenz Mosel	Z	13.09.65	+	04.03.1966
1566		DR	Nordhausen	Z	24.09.68	+	11.10.1968
1567	→ 094 567-5	DB	Lehrte	Z	28.08.73	+	06.03.1974
1568	→ 094 568-3	DB	Augsburg	Z	01.12.67	+	10.07.1969
1569		DR	Arnstadt	Z	11.09.68	+	05.12.1968
1570		DB	Wt-Vohwinkel	Z	03.02.61	+	12.11.1962
1571		DB	Hmb-Rothenburgsort	Z	31.01.67	+	05.07.1967
1572	→ 094 572-5	DB	Hohenbudberg	Z	28.04.67	+	02.10.1968
1573	→ Tkw2-85	PKP .45	RBD Breslau/Oppeln .36				
1574	→ Tkw2-86	PKP .45	RBD Breslau/Oppeln .36				
1575	→ Tkw2-87	PKP .45	Hannsdorf .38				

Nur kurzfristig waren zum Ende ihrer Ära noch drei 94er beim Bw Köln-Eifeltor stationiert. So auch 094 561 (ex 94 1561), die am 12. Oktober 1971 auf dem dortigen Ablaufberg ihren Einsatz verrichtet.　　　　　　　　　　　　　　　　　　　　*Foto: Dr. Werner Söffing*

Dieses Bild zeigt 094 567 bei ihrer „normalen" Arbeit im April 1972 beim Rangieren im Bahnhof Seesen.   *Foto: Werner Häußner*

Weit südlicher war 94 1568 beim Bw Radolfzell, wo sie Peter Scheffler im September 1966 vorfand.

Sowohl auf der Hin- als auch auf der Rückfahrt zwischen Manebach und Stützerbach (Strecke Arnstadt - Schleusingen) hatte Mag.pharm. Alfred Luft offensichtlich ausgezeichnetes Fotografierwetter, als er einen typischen DR-„Normalwagenzug" (P 3074) am 28. Juni 1968 begleitete.

94 1576 - 1605

1576	→ Tkw2-88	PKP .45	RBD Breslau/Oppeln .36				
1577	→ Tkw2-65	PKP .45	RBD Breslau/Oppeln .36				
1578	→ Tkw2-89	PKP .45	RBD Breslau/Oppeln .36				
1579		DB	Hmb-Wilhelmsburg	Z	24.04.67	+	05.07.1967
1580	→ 094 580-8	DB	Dortmund Rbf	Z	29.07.67	+	03.03.1969
1581	→ 094 581-6	DB	Emden	Z	18.02.72	+	18.04.1972
1582	→ 094 582-4	DB	Wanne Eickel	Z	04.02.68	+	21.06.1968
1583	→ 094 583-2	DB	Hmb-Rothenburgsort	Z	11.01.71	+	09.09.1971
1584	→ 094 584-0	DB	Hamm	Z	25.07.70	+	02.06.1971
1585	→ 094 575-8	DB	Dortmund Rbf	Z	25.11.69	+	02.06.1971
1586	→ 094 576-6	DB	Wt -Vohwinkel	Z	31.05.67	+	11.12.1968
1587		DB	Wt -Vohwinkel	Z	24.08.61	+	12.11.1962
1588	→ 094 588-1	DB	Emden	Z	02.11.71	+	18.04.1972
1589	→ 094 589-9	DB	Wt-Vohwinkel	Z	22.08.67	+	10.07.1969
1590		DB	Ludwigshafen	Z	19.11.62	+	28.05.1963
1591	→ 094 591-5	DB	Mannheim	Z	26.02.68	+	22.09.1970
1592	→ 094 592-3	DB	Hamm	Z	02.01.73	+	12.04.1973
1593		DB	Hmb-Wilhelmsburg	Z	01.06.61	+	04.12.1961
1594	→ 094 594-9	DB	Hmb-Rothenburgsort	Z	15.08.67	+	10.07.1969 *
1595		DB	Hmb-Wilhelmsburg			+	16.01.1961 *
1596	→ 094 596-4	DB	Hmb-Rothenburgsort	Z	15.08.67	+	10.07.1969
1597	→ 094 597-2	DB	Goslar	Z	14.12.71	+	18.04.1972
1598	→ 094 598-0	DB	Lehrte	Z	25.05.72	+	15.08.1972
1599	→ 094 599-8	DB	Hamm G	Z	25.07.67	+	03.03.1969
1600		DR	Merseburg	Z	15.12.65	+	02.05.1967
1601	→ 94 1601-7	DR	Arnstadt	Z	28.04.75	+	30.05.1975
1602		DR	Röblingen	Z	17.09.66	+	02.05.1967
1603		DR	Merseburg	Z	26.11.64	+	22.12.1966
1604		DR	Röblingen	Z	26.05.66	+	02.05.1967
1605		DR	Arnstadt	Z	11.09.68	+	05.12.1968

1594 Letztes Betriebs-Bw Hamburg-Wilhelmsburg, als Z-Lok 24.09.67: Hamburg-Rothenburgsort
1595 Verkauft 16.01.61 an Klöckner Bergbau AG,
   Zeche Monopol als Werklok Nr. 12 (Abnahme: 03.02.61), bei RAG Bezeichnung D793

Foto rechts: Die ex 94 1595 war nach ihrem Verkauf an die „RAG" mit der Bezeichnung D 793 versehen worden und machte am 03. Juli 1973 bei der Zeche Grimberg 1/2 so ausgestattet ihren Dienst.   *Foto: Günter Krall*

1615	→ 094 615-2	DB		Hamm G	Z	12.12.67	+	12.03.1968
1616	→ 094 616-0	DB		Ottbergen	Z	02.12.74	+	05.12.1974
1617		DB		Heilbronn	Z	04.01.67	+	05.07.1967
1618		DB		Mannheim	Z	02.08.60	+	12.11.1962
1619		DB		Radolfzell	Z	29.06.65	+	01.09.1965
1620		DB		Hamm G	Z	24.12.59	+	29.05.1961
1621	→ Tkw2-66	PKP	.45	Küstrin-Neustadt bis 23.11.44				*
1622		SZD	.45	(Küstrin-Neustadt 01.36-.44)				
1623	→ 94 1623-1	DR		Arnstadt	Z	15.10.70	+	08.08.1971
1624	→ Tkw2-67	PKP	.45	Küstrin-Neustadt bis 11.44				
1625	→ Tkw2-48	PKP	.45	Küstrin-Neustadt .44				
1626	→ Tkw2-108	PKP	.45	Küstrin-Neustadt bis .44				
1627		DB		Dortmund Rbf	Z	21.10.60	+	29.05.1961
1628	→ Tkw2-7	PKP	.45	Küstrin-Neustadt noch 23.01.44				
1629	→ Tkw2-109	PKP	.45	Neu-Bentschen .44				
1630		DR		Röblingen	Z	15.12.65	+	02.01.1967
1631		DB		Osnabrück Rbf	Z	03.08.62	+	12.11.1962
1632	→ Tkw2-68	PKP	.45	RBD Breslau/Oppeln .36				
1633	→ Tkw2-110	PKP	.45	RBD Breslau/Oppeln .36				
1634	→ Tkw2-111	PKP	.45	Heydebreck .40				
1635	→ Tkw2-69	PKP	.45	Heydebreck .40				
1636		DR		Altenburg	Z	08.09.66	+	20.09.1967
1637	→ Tkw2-91	PKP	.45	Heydebreck .40				
1638	→ 094 638-4	DB		Wt-Vohwinkel	Z	20.05.69	+	19.09.1969
1639	→ 094 639-2	DB		Dillenburg	Z	23.06.71	+	09.09.1971
1640	→ 094 640-0	DB		Ottbergen	Z	02.12.74	+	05.12.1974 *
1641		DB		Wt-Vohwinkel	Z	08.06.66	+	27.09.1966
1642	→ 094 642-6	DB		Hmb-Rothenburgsort	Z	05.02.71	+	02.06.1971
1643	→ 094 643-4	DB		Hmb-Rothenburgsort	Z	19.01.67	+	02.10.1968
1644	→ 094 644-2	DB		Goslar	Z	30.07.71	+	15.12.1971

1621 RAW Bromberg .45
1640 Lok war neben 94 1616 letzte betriebsfähige T16.1 der DB;
     1982 bei Gemeinde Gennep/Niederlande als Denkmal aufgestellt

Bei einer Sonderfahrt am 12. April 1969 mit 094 638 und 094 653 (ex 94 1638 und 94 1653) vom Bw Wuppertal-Vohwinkel, die von Wuppertal nach Düsseldorf führte, entstand in der Nähe von Mettmann dieses Bild.   *Foto: Karl-Heinz Jansen*

Ein letztes Mal ein Eindruck aus der Eisenbahner-Stadt Dillenburg: 094 639 (ex 94 1639) sonnt sich am 09. Juli 1968 in ihrem Mutter-Bw.   *Foto: Hartmut Weidt*

Vor der großen Fahrzeughalle des Bw Braunschweig steht im März 1968 die 94 1644 (Bw Braunschweig) recht einsam da.   *Foto: Herbert Moegelin*

Der Vollständigkeit halber darf in 94er-Abhandlungen natürlich auch das Bw Lehrte nicht fehlen, wo am 08. September 1970 sowohl 094 644 (ex 94 1644) als auch 094 186 (ex 94 1186, beide Bw Lehrte) hinterstellt waren.   *Foto: E.Huckauf*

94 1645 - 1674

1645	→ 094 645-9	DB	Hmb-Rothenburgsort	Z	04.11.68	+	09.09.1971 *
1646		DB	Wt-Vohwinkel	Z	22.02.61	+	12.11.1962
1647	→ 094 647-5	DB	Wt-Vohwinkel	Z	21.07.67	+	11.12.1968
1648	→ 094 648-3	DB	Wt-Vohwinkel	Z	12.02.68	+	21.06.1968
1649	→ 094 649-1	DB	Hmb-Rothenburgsort	Z	30.09.68	+	03.03.1969
1650		DB	Wt-Vohwinkel	Z	26.01.61	+	12.11.1962
1651	→ 094 651-7	DB	Wt-Vohwinkel	Z	20.10.71	+	15.12.1971
1652	→ 094 652-5	DB	Limburg 02/69 Dillenb.	Z	12.04.72	+	15.08.1972 *
1653	→ 094 653-3	DB	Wt-Vohwinkel	Z	14.08.69	+	03.12.1969
1654	→ 094 654-1	DB	Hohenbudberg	Z	13.05.70	+	27.11.1970
1655	→ 94 1655-3	DR	Oebisfelde	Z	15.07.70	+	13.05.1971
1656		DR	Altenburg	Z	11.07.67	+	11.10.1968
1657	→ Tkw2-92	PKP .45					
1658		DR	Leipzig-Wahren	Z	22.05.67	+	20.06.1967
1659		DR	Altenburg	Z	17.09.66	+	30.05.1967
1660		DR	Gotha	Z	19.01.68	+	02.01.1968 *
1661	→ 094 661-6	DB	Hmb-Rothenburgsort	Z	14.09.72	+	21.12.1972
1662	→ 94 1662-9ˣ	DR	Saßnitz	Z	27.03.69	+	27.09.1969
1663		DB	Wanne Eickel	Z	10.09.60	+	29.05.1961
1664		DR	Eilenburg	Z	12.12.67	+	03.01.1968
1665		DR	Templin	Z	23.01.69	+	14.08.1969 *
1666	→ 094 666-5	DB	Hamm	Z	02.06.72	+	08.11.1972
1667		DR	Altenburg	Z	26.05.65	+	02.01.1967
1668	→ 094 668-1	DB	Hamm	Z	28.12.70	+	02.06.1971
1669	→ Tkw2-112	PKP .45	*(Bln-Tempelhof .31)*				*
1670	→ 94 1670-2	DR	Meiningen Elze 8 DR	Z	11.09.74	+	26.11.1974
1671	→ Tkw2-93	PKP .45	*(Bln-Tempelhof .31)*				
1672		DB	Hmb-Wilhelmsburg	Z	20.09.66	+	22.11.1966
1673		DB	Osterfeld Süd	Z	20.09.60	+	29.05.1961
1674	→ Tkw2-113	PKP .45	*(Bln-Tempelhof .31)*				

1645 Vorherige Ausmusterung vom 30.11.1964 beim Bw Wuppertal-Vohwinkel rückgängig gemacht
1652 Letztes Betriebs-Bw Dillenburg, als Z-Lok (buchmäßig) 02.05.72: Limburg
1660 Ausmusterungs-Antrag genehmigt vor Z-Stellung!
1665 Erneute Z-Stellung von Rbd Greifswald am 15.08.69, verkauft durch hiesige Verwaltung bereits am 01.04.1969 an „VEB Isolierwerk Zehdenik"
1669 Nach 1945 als Werklok bei Zeche in Beuthen/Oberschlesien gesichtet

---

Foto rechts: Bei einer Sonderfahrt des „MEC Essen" am 01. Mai 1972 entstanden diese frühlingshaften Eindrücke von 94 1666 des Bw Hamm bei der Durchfahrt von Essen-Rüttenscheid.   *Foto: Günter Krall*

94 1658 war zwar zwar im Aufnahmejahr 1968 beim Bw Leipzig-Wahren beheimatet, aber auch eine Begegnung im Bw Leipzig Hbf West (unser Bild) war möglich.
Foto-Sammlung: Michael Malke

Urtypische Eisenbahn-Romantik war im August 1972 wieder einmal bei Hirschbach/Thüringen (Strecke Suhl - Schleusingen) mit 94 1670 vom Bw Meiningen zu erleben.

94 1691 war bei den Buna-Werken als Werklok eingesetzt, als sie vor einem Kohlezug anscheinend einen Prellbock überfuhr und anschließend das dahinter liegende Gelände durchpflügte. Die Bevölkerung „half" fleißig beim Entladen der Kohle.

Aufnahme von 1948/49. Foto-Sammlung: Peter Stanek

94 1675 - 1704

Nr	→	Bahn	Ort		Datum		Datum
1675		DR	Bitterfeld	Z	26.05.66	+	18.05.1967
1676		DB	Bremen Vbf	Z	25.08.60	+	04.12.1961
1677		CSD/R.45	Von CSD an SZD ?				
1678	→ 094 678-0	DB	Dortmund Rbf	Z	11.09.70	+	02.06.1971
1679		DB	Osnabrück Rbf	Z	13.09.63	+	15.11.1963
1680		DB	Osnabrück Rbf	Z	14.03.61	+	04.12.1961
1681	→ 094 681-4	DB	Hmb-Rothenburgsort	Z	27.06.72	+	08.11.1972
1682		DB	Hamm G	Z	27.10.64	+	01.09.1965
1683		DR	Halle G 12.45				*
1684		DR	Eilenburg	Z	05.01.68	+	20.12.1967 *
1685		DR	Röblingen	Z	17.08.67	+	05.12.1967
1686	→ Tkw2-118	PKP .46	(Cottbus 31.01.36)				
1687		DR	Altenburg	Z	22.12.66	+	30.05.1967
1688		DR	Röblingen	Z	26.05.65	+	30.01.1968
1689		DR	Bitterfeld	Z	26.05.65	+	17.01.1966
1690	→ Tkw2-94	PKP .45					
1691	→ 94 1691-8ˣ	DR	Waren/Müritz	Z	31.01.69	+	24.02.1970 *
1692	→ 094 692-1	DB	Hmb-Rothenburgsort	Z	01.04.72	+	15.08.1972 *
1693		DB	Hmb-Rothenburgsort	Z	05.10.66	+	24.02.1967
1694		DB	Hamm G	Z	14.01.64	+	01.09.1965
1695		DB	Dortmund Rbf	Z	03.05.65	+	01.09.1965
1696		DB	Dortmund Rbf	Z	27.09.60	+	29.05.1961
1697	→ 094 697-0	DB	Wanne Eickel	Z	15.08.73	+	06.03.1974 *
1698	→ 094 699-6	DB	Mannheim	Z	20.10.67	+	12.03.1968
1699		DB	Crailsheim	Z	03.01.63	+	30.11.1964
1700		DB	Ludwigshafen	Z	10.10.62	+	28.05.1963
1701		DB	Crailsheim	Z	20.06.66	+	27.09.1966
1702		DB	Heilbronn	Z	01.12.66	+	24.02.1967
1703		DB	Mannheim	Z	16.09.60	+	12.11.1962
1704		DB	Kaiserslautern	Z	01.12.60	+	12.11.1962

1683 Nach anderen Quellen 1945/46 an SZD
1684 Ausmusterungs-Antrag genehmigt vor Z-Stellung!
1691 Erneute Z-Stellung von Rbd Greifswald am 24.02.70,
verkauft durch hiesige Verwaltung bereits am 01.04.1969 an „VEB Isolierwerk Zehdenik"
1692 Zunächst ab 1972 Denkmallok im AW Lingen von 1975-76 bei Vereinigung
„Veluwsche Stoomtrein-Maatschappij" (VSM) Niederlande, danach Museumslok des Vereins
„Freunde der Eisenbahn" (FdE) im Bw Hamburg -Wilhelmsburg
1697 Seit 1980 Museumslok des „Bayerischen Eisenbahn-Museums" (BEM), Nördlingen

Im Juni 1973 war 094 712 (ex 94 1712) beim Bw Lehrte beheimatet und wurde vom Bw Goslar (unser Bild) aus eingesetzt.
Foto: V.Siewke

Die Museums-Lok des „Deutschen Dampflokomotiv-Museum" 94 1730 konnte Rotthowe am 10. März 1973 noch (oder wieder) mit alter Nummer im Schuppen des Bw Wuppertal-Vohwinkel aufnehmen.

151   94 1705 - 1734

1705	→ 094 704-4	DB	Mannheim		Z	08.01.69	+	03.03.1969
1706	→ 094 706-9	DB	Mannheim		Z	05.12.67	+	21.06.1968
1707		DB	Mannheim		Z	28.04.59	+	12.11.1962
1708	→ T94 1708	SZD .49	Von ÖBB an SZD 26.01.49					*
1709		DB	Offenburg		Z	20.05.58	+	20.11.1958
1710		DB	Mannheim		Z	10.06.60	+	12.11.1962
1711		DB	Mannheim		Z	05.08.59	+	12.11.1962
1712	→ 094 712-7	DB	Emden		Z	30.01.74	+	09.06.1974
1713		DB	Bochum-Dahlhausen		Z	12.04.62	+	12.11.1962
1714		DB	Hamm G		Z	04.10.66	+	24.02.1967
1715		DB	Radolfzell		Z	24.11.59	+	12.11.1962
1716		DB	Kaiserslautern		Z	10.06.64	+	01.09.1965
1717	→ T94 1717	SZD .49	Von ÖBB an SZD 26.01.49					*
1718	→ 094 718-4	DB	Mannheim		Z	17.06.68	+	22.09.1970
1719	→ 094 719-2	DB	Mannheim		Z	17.07.68	+	22.09.1970
1720	→ 094 720-0	DB	Hmb-Rothenburgsort		Z	24.01.72	+	21.04.1972
1721	→ T94 1721	SZD .49	Von ÖBB an SZD 29.01.49					*
1722		DB	Mannheim		Z	08.08.66	+	05.07.1967
1723	→ 094 724-2	DB	Mannheim		Z	30.05.69	+	19.09.1969
1724		DB	Dortmund Rbf		Z	01.08.60	+	29.05.1961
1725	→ 094 725-9	DB	Wanne Eickel		Z	31.10.67	+	12.03.1968
1726	→ 094 726-7	DB	Hamm		Z	16.09.69	+	03.12.1969
1727		DB	Wanne Eickel		Z	27.01.67	+	05.07.1967
1728	→ 094 728-3	DB	Wanne Eickel		Z	06.12.67	+	12.03.1968
1729		DB	Hmb-Wilhelmsburg		Z	15.02.67	+	22.05.1967
1730	→ 094 730-9	DB	Hamm		Z	24.12.74	+	05.12.1974 *
1731		DB	Braunschweig		Z	22.02.67	+	22.05.1967
1732		DB	Hannover Hgbf		Z	14.06.65	+	06.01.1966
1733		DB	Hannover Hgbf		Z	29.08.66	+	22.11.1966
1734	→ Tkw2-119	PKP .45	(Frankfurt/Oder Vbf .44)					

1708 Mannheim 02.43, Straßhof/ÖBB 03.43-(Z 10.45),
     Wien-Nordwestbahnhof/ÖBB .48, Hütteldorf/ÖBB bis 26.01.49
1717 RBD Karlsruhe .43, Straßhof/ÖBB .43 - 05.45
1721 RBD Karlsruhe .43, Straßhof/ÖBB .43 - 10.45
1730 Ausmusterung laut HVB-Verfügung vor Z-Stellung!
     1975 Museumslok des „Deutschen Dampflokomotiv-Museum", Neuenmarkt-Wirsberg

94 1735 - 1740, 94 1801 152

Von den 11 Loks mit der Nummern-Bezeichnung 94 1801 - 1811, die als Leihlok von der SNCB bzw. AL bei der DRB waren und später im Bereiche der DR verblieben, können wir unseren Lesern vier verschiedene bildlich vorstellen.
94 1809, bis 1971 Werklok im Raw Zwickau, stand am 01. Mai 1972 zur Verschrottung bereit in Werdau. *Foto. Michael Malke*

1735		SZD .45	(*Frankfurt/Oder Vbf* 01.30/.44)					
1736	→ Tkw2-49	PKP .45	ZNTK (AW) Pila 1973					*
1737	→ 094 737-4	DB	Braunschweig	Z	18.11.68	+	27.11.1970	
1738		DR	Röblingen	Z	12.08.65	+	02.05.1967	
1739		DB	Bhv-Geestemünde	Z	28.07.65	+	06.01.1966	
1740		DR	Röblingen	Z	28.10.65	+	02.05.1967	
1801	→ 94 1801-3	DR	Arnstadt	Z	28.10.71	+	02.08.1972	*

1736 RAW Schneidemühl .44, Frankfurt/O Vbf bis 24.04.44
1801 ex SNCB 9818, DRB/L bei RBD Dresden ab 15.01.42, DR ca. 50

Sie war die letzte und sicherlich bekannteste 94.18 der DR. 94 1810 des Bw Meiningen, hier im September 1973 in Suhl.
Foto. Michael Malke

Zweifellos antiquierter ist die Aufnahme dieser Lok aus dem Jahre 1962 im Bf. Leinefelde.
Foto: Umlauft, Sammlung Reiner Scheffler

Schließlich ist auch 94 1810-4 formgerecht mit EDV-Nummern ausgerüstet, als sie am 23. August 1973 auf Ausfahrt im Bf.Suhl wartet. *Foto: Detlef Winkler*

Die 94 1811 vom Bw Meiningen soll den Abschluß in dieser Serie bilden. Sie wurde im Juni 1963 wie schon zuvor 94 1810 erneut im Bf.Leinefelde aufgenommen.
Foto-Sammlung: Michael Malke

1802		DR	Saßnitz	Z	13.08.65	+	07.08.1965 *
1803		DR	Rostock	Z	25.02.66	+	24.10.1966 *
1804		DR	Saßnitz	Z	12.03.68	+	12.03.1968 *
1805		DR	Stralsund	Z	26.06.68	+	26.07.1968 *
1806		DR	Meiningen	Z	23.03.67	+	07.08.1967 *
1807		DR	Gotha	Z	30.08.68	+	04.09.1968 *
1808		DR	Nordhausen	Z	.65	+	02.11.1965 *
1809		DR	Leipzig Bayr. Bf ab 24.02.57			+	01.10.1958 *
1810	→ 94 1810-4	DR	Meiningen	Z	19.01.74	+	14.02.1974 *
1811		DR	Meiningen	Z	14.11.68	+	18.11.1968 *
6776		DR	Arnstadt	Z	22.09.66	+	07.08.1967 *
6777 ?		DR					*
6778 ?		DR					*
9848		DR	Meiningen (Bw-Werklok)			+	20.12.1951 *

1802 ex SNCB 9837, DRB/L bei RBD Karlsruhe ab 30.01.42, DR ca. 50
1803 ex SNCB 9838, DRB/L bei RBD Oppeln ab 12.03.42, DR ca. 50
1804 ex SNCB 9844, DRB/L bei RBD Dresden ab 18.01.42, DR ca. 50
1805 ex SNCB 9847, DRB/L bei RBD Dresden ab 19.01.42, DR ca. 50
1806 ex SNCB 9856, DRB/L bei RBD Halle ab 10.11.40, DR ca. 50
1807 ex SNCB 9864, DRB/L bei RBD Dresden ab 17.12.41, DR ca. 50
1808 ex SNCB 9865, DRB/L bei RBD Dresden ab 20.01.42, DR ca. 50
1809 ex SNCB 9880, DRB/L bei RBD Danzig ab 29.12.41, DR ca. 50
1810 ex AL P114 , ex SNCF I-O50-TA-114, DRB/L 1944, DR ca. 50
1811 ex SNCB 9802, DRB/L bei RBD Karlsruhe ab 31.01.42, DR ca. 50

1802 Ausmusterungs-Antrag genehmigt vor Z-Stellung
1809 Mit Ausmusterungs-Verfügung verkauft von Rbd Halle an
      Raw Zwickau als Werklok Nr. 2 (bis 1971 im Einsatzbestand)
1811 ex T16 Königsberg 8102, falsch eingereiht als T16.1!

6776 ex 94 689, von Halberstadt-Blankenburger-Eisenbahn (HBE) 1944 erworben
      und als Lok Nr. 16 eingereiht, ab 1950 bei DR als 94 6776 bezeichnet
6777 Nach verschiedenen Quellen soll es sich um die ex 94 690 handeln, die 1944 von der „HBE"
      erworben und als Lok Nr. 17 sowie später bei der DR zwischen 1950 und 1952 als 94 6777
      eingereiht wurde. Die ursprüngliche 94 690 ist jedoch mit Sicherheit bei der DB verblieben
      (+ 20.06.1966, Hamburg-Wilhelmsburg), so daß es sich - eine Einreihung bei der DR vorausgesetzt -
      um einen Irrtum handeln muß!
6778 Angeblich aus ex SNCB 9854 hervorgegangen, Umzeichnung bei DR im Jahre 1952 sehr unsicher!.

9848 ex SNCB 9848, DRB/L bei RBD Wien ab 27.03.42,
      ohne Einreihung in das DR-Nummernschema als „94 9848" bezeichnet

156

Sie ist die einzige mit Sicherheit nachgewiesene Lok, die bei der DR unter der Baureihenbezeichnung 94.67 eingereiht wurde. 94 6776 (bei DRB 94 689, ab 1944 bei „Halberstadt-Blankenburger Eisenbahn" mit Nr. 16). Das Foto entstand 1960 in Sangerhausen und entstammt aus dem Archiv von Werner Umlauft.   Foto-Sammlung: Reiner Scheffler

Mit einem Werkfoto der sä.XI HT 1534 (spätere sä. 2014, bei DRB als 94 2013 eingereiht) von der Firma Richard Hartmann aus dem Jahre 1909 soll unsere bildliche Abhandlung über die sächsischen 94er beginnen.   Foto-Sammlung: Michael Malke

Die Baureihe 94.19-21 (sächsische XI HT)
94 1901 - 1908, 2001 - 2139

Sachsen gehörte zu den ersten Staatsbahnen, die sich zum Bau einer fünffach gekuppelten Lokomotive entschlossen. Nach dem Gölsdorf-Prinzip erreichte man durch seitenverschiebbare Kuppelachsen eine gute Bogenläufigkeit. Allerdings waren die ersten Fünfkuppler Sachsens keine Tender- sondern Schlepptendermaschinen. Sie gehörten den Gattungen XI V (spätere Baureihe 57.0), XI H (BR 57.1) und XI HV (BR 57.2) an.Im Rangierdienst dominierten bis dahin die sä V T (spätere BR 89.2), ein Dreikuppler. Ein gestiegenes Aufkommen im Güterverkehr erforderte nun auch eine stärkere Rangierlokomotive, nachdem sich die V T als zu schwach erwies. Im Gegensatz zu anderen Länderbahnen (Preußen, Württemberg, Baden) übersprangen die Sachsen die vierfach gekuppelte Tenderlok und gingen gleich zum Fünfkuppler über. Bei ihrem Haus- und Hoflieferanten, der Firma R. Hartmann in Chemnitz, bestellte die Sächsische Staatsbahn im Jahre 1907 ein erstes Baulos, welches 18 Maschinen umfaßte. Die fünffach gekuppelten Tenderlokomotiven wurden als Gattung XI HT eingeordnet. 1908 lieferte Hartmann zehn Maschinen, die die Bahnnummern 2001 bis 2010 erhielten. 1909 folgten die restlichen acht Lokomotiven, sie erhielten die Bahnnummern 2011 bis 2018. Typisch für Sachsen waren sie mit Belpaire-Hinterkessel ausgerüstet, der auch bei späteren Lieferungen der XI HT zum Einbau kam. Ein großer Dampfdom und ebenfalls großer, viereckiger Sandkasten sowie ein Krempenschornstein prägten das Aussehen der Maschinen. Die Achslast betrug 16 Mp. Da es zu diesem Zeitpunkt noch Strecken gab, die eine größere Achslast als 15t nicht zuließen, wurde 1910 ein weiteres Baulos in Auftrag gegeben, welches eine leichtere Variante zur Folge hatte. Die Maschinen, die nur 15t Achslast aufwiesen, erhielten die Bahnnummern 2019 bis 2028. Die Ausführung mit 16t Achslast der ersten Serie wurde nahezu unverändert weiter beschafft. Es folgten die Baulose der Jahre 1915/16, 1918 und 1919. Ab dem Baulos von 1921 wurden die Lokomotiven gleich ab Werk mit einer Druckluftbremse ausgestattet. Ein Oberflächenvorwärmer der Bauart Knorr, plaziert auf dem Langkesselscheitel gleich hinter dem Schornstein, kam beim letzten Baulos (1923) serienmäßig zum Einbau. Bei früheren Lieferungen wurden Druckluftbremse und Vorwärmer nachträglich eingebaut.Insgesamt lieferte Hartmann 163 Lokomotiven der Gattung XI HT, wobei die letzten Maschinen bereits mit der Reichsbahn-Nummer 94 2131 bis 94 2139 abgenommen wurden. Die Deutsche Reichsbahn übernahm die Lokomotiven mit 15t Achslast als Baureihe 94.19 und reihte sie als 94 1901 bis 94 1908 ein. Alle anderen Maschinen mit 16t Achslast sind in der Baureihe 94.20-21 zusammengefaßt und erhielten die Betriebsnummern 94 2001 bis 94 2139.Die XI HT war eine der stärksten Tenderlokomotiven ihrer Zeit. Zu ihren Aufgaben zählte der schwere Rangierdienst sowie die Beförderung von Güterzügen im Nahbereich. Aber auch der Personenzugdienst auf Nebenbahnen war ihr nicht fremd, dazu kam der Einsatz auf Steilstrecken. Für letzteren mußten die Lokomotiven mit einer Riggenbach-Gegendruckbremse ausgerüstet sein. Von den 147 Lokomotiven, die die Deutsche Reichsbahn von der Sächsischen Staatsbahn übernommen hatte, wurden als erste bis 1936 die 94 1901 - 1908 ausgemustert. Von den nun noch vorhandenen 139 Exemplaren verblieben nach dem 2.Weltkrieg 16 Stück bei der CSD und eine weitere bei der MAV/ÖBB. Die restlichen Maschinen befanden sich somit noch komplett bei der DR. - Zwei im Verlauf des Krieges aus Frankreich „heimgeführte" XI HT wurden erst 1952 als 94 2151 und 94 2152 eingereiht und dem Bestand zugeführt.
Nach einigen kriegsbedingten Abgängen im Jahre 1951 setzte die große Ausmusterungswelle erst von 1966 bis 1971 ein, die aber mit Ausnahme von 4 Loks alle 94.20 erfasste. In einem Anfang 1969 erstellten Umzeichnungsplan der DR waren immerhin noch 36 (!) Maschinen für die

Umnummerierung im Jahre 1970 vorgesehen; tatsächlich machten aber nach Recherchen der Autoren höchstens 14 Loks mit der neuen (EDV-) Nummer noch Bekanntschaft. Übrig blieben schließlich 94 2043, 2085, 2105 und 2136 des Bw Aue, die auf der Strecke Eibenstock ob. Bf. - Eibenstock unt. Bf. eingesetzt wurden. Die Ausmusterung dieser erfolgte am 09.01.1976, 24.02.1976, 30.11.1978 bzw. 27.10.1973.

Technische Daten der sächsischen XI HT (94.19)

Bauart .... E h2	Überhitzerheizfläche .... 36,7 m²
Betriebsgattung .... Gt 55.15	Heizrohrfläche .... 76,82 m²
Höchstgeschwindigkeit .... 45 km/h	Verdampfungsheizfläche .... 124,69 m²
Zylinderdurchmesser .... 590 mm	Achsstand der Lok .... 5600 mm
Treib- und Kuppelrad-	Länge über Puffer .... 12080 mm
durchmesser .... 1260 mm	Masse der Lok, leer .... 58,1 t
Kesselüberdruck .... 12 bar	Masse der Lok, voll .... 54,1 t
Rostfläche .... 1,0 m²	Achslast .... 14,82 Mp
Anzahl der Heizrohre .... 132 Stück	Wasserkasteninhalt .... 8,5 m³
Strahlungsheizfläche .... 10,90 m²	Brennstoffvorrat .... 2,5 t

Technische Daten der sächsischen XI HT (94.20)

Bauart .... E h2	Überhitzerheizfläche .... 41,4 m²
Betriebsgattung .... Gt 55.16	Heizrohrfläche .... 83,92 m²
Höchstgeschwindigkeit .... 45 km/h	Verdampfungsheizfläche .... 136,43 m²
Zylinderdurchmesser .... 620 mm	Achsstand der Lok .... 5600 mm
Treib- und Kuppelrad-	Länge über Puffer .... 12200 mm
durchmesser .... 1260 mm	Masse der Lok, leer .... 61,0 t
Kesselüberdruck .... 12 bar	Masse der Lok, voll .... 77,3 t
Rostfläche .... 2,27 m²	Achslast .... 15,46 Mp
Anzahl der Heizrohre .... 132 Stück	Wasserkasteninhalt .... 7,5 m³
Strahlungsheizfläche .... 12,14 m²	Brennstoffvorrat .... 2,2 t

Technische Daten der sächsischen XI HT (94.20)

Bauart .... E h2	Überhitzerheizfläche .... 41,4 m²
Betriebsgattung .... Gt 55.16	Heizrohrfläche .... 83,92 m²
Höchstgeschwindigkeit .... 40 km/h	Verdampfungsheizfläche .... 136,55 m²
Zylinderdurchmesser .... 620 mm	Achsstand der Lok .... 5600 mm
Treib- und Kuppelrad-	Länge über Puffer .... 12390 mm
durchmesser .... 1260 mm	Masse der Lok, leer .... 61,7 t
Kesselüberdruck .... 12 bar	Masse der Lok, voll .... 79,4 t
Rostfläche .... 2,30 m²	Achslast .... 15,88 Mp
Anzahl der Heizrohre .... 132 Stück	Wasserkasteninhalt .... 8,5 m³
Strahlungsheizfläche .... 12,26 m²	Brennstoffvorrat .... 2,2 t

Zum Lokeinsatz der sächsischen XI HT

Von Reiner Scheffler

Zunächst sei gesagt, daß die zwischen 1908 und 1923 gebaute XI HT mit ihren 163 Exemplaren zu den zahlreichsten und damit markantesten Tenderlokomotiven des sächsischen Einsatzraumes gehörte.
Ebenfalls sei vorweggenommen, daß die einzige erhaltene Lok dieser Bauart (94 2105) noch nicht wieder betriebsfähig aufgearbeitet wurde.
Somit verblieb diese Lokomotivgattung bis auf einige Reparationsabgaben (MAV, CSD, ÖBB - siehe Verbleibsliste) und Einzelgänger immer in Sachsen.
Was für die Preußen die T14 (Baureihe 93) darstellte, war im Vergleich für die Sachsen die XI HT. Eine starke Lok für den Rangierdienst.
Weniger als ihre preußische Kollegin kam sie dabei auf die freie Strecke oder fuhr richtige Züge (Ausnahme Eibenstock).
Zum Einsatz gelangte die BR 94.20 aber nahezu in jedem sächsischem Bw. Es gab nur ganz wenige Lokbeheimatungsstellen, wo dieser Fünfkuppler gar nicht (Nossen) oder nur kurzzeitig (Rochlitz, Freiberg/Sa, Pirna) zu sehen war. Die großen Hochburgen der Lok waren zum einen die klassischen Rangierbahnhöfe wie Dresden-Friedrichstadt, Chemnitz-Hilbersdorf, Zwickau, Riesa und Reichenbach. Hier waren die Ablaufberge, auf denen sie als Schlepp- und Bremslok fungierte. Und hier gab es zahlreiche „Rostbereiche", wo sie wieder Züge zusammenstellte bzw. genügend Anschlüsse zu bedienen hatte. Dies geschah in Form von Übergabefahrten im Bergbaubereich, der Hafen- und Kaianlagen, größerer Werkbetriebe und eisenbahneigener Bereiche.
Der zweite Einsatzbereich waren die mittleren Knoten-Bw. Hier erbrachte unsere 94.20 Leistungen in allen denkbaren Betriebsfunktionen. So löste sie Züge auf, brachte Trains in die Abstellanlagen, rangierte zu den Anschlüssen auf der freien Strecke oder auf den Nachbarbahnhöfen und wurde vereinzelt auch im nahen Güterzugbereich eingesetzt.
In Glauchau, Falkenstein, Aue, Annaberg-Buchholz,- aber auch in Zittau, Löbau und Gera erfüllte sie solche Aufgaben.
In dritter Instanz war sie als Einzelgänger auf den zu einem Bw gehörenden Lokbahnhof eingesetzt, wo sie jede Rangier- und Übergabetätigkeit verrichten mußte. Als Lz oder planmäßige Schlußlok sah man sie bei Bedarf vom Lokbahnhof zum Heimat-Bw so auch oft auf der freien Strecke.
Großenhain (Bw Riesa), Bischofswerda (Bw Bautzen), Arnsdorf (Bw Kamenz), Königsbrück (Bw Dresden-Friedrichstadt), Schwarzenberg (Bw Aue) und Oelsnitz (Bw Glauchau) waren solche Einsatzstellen.
Während der deutschen Eingliederung (CSD) waren Lokomotiven der Baueihe 94.20 auch im böhmischen Bodenbach, Aussig, Tetschen und Teplitz eingesetzt.
Wie schon gesagt, galt die sä. XI HT allgemein als bewährtes „Arbeitstier". Ihre schwere Funktion hatte sie daher immer auf den Ablaufbergen zu erfüllen. Als „echter Zugochse" schleppte sie funkenstiebend bis zu 2/3 volle Zuglasten auf den „Berg", um dann von oben schubsend und bremsend die Wagen in die „Roste" (Auffanggleise) laufen zu lassen. - War sie nicht voll gefordert, machte sie einen stillen, ja sogar trägen Eindruck!
Wie alle Lokomotiven ohne Laufräder - bei der XI HT aber besonders auffällig - waren ihre schaukelnden Fahrbewegungen, die bei groben Schienenstößen oder schlechter Gleisbeschaffenheit

Foto Seite 159: Mit einer mächtigen Qualmwolke verläßt die 94 2132 im August 1969 mit einem Personenzug nach Cunewalde den Bahnhof Löbau.

Foto: Uwe Friedrich - Sammlung Peter Melcher

ziemlich beängstigend aussahen und auch dem Personal auf der Lok erst Gewöhnung abverlangten. „Lokdampfer" oder Zitate wie: „Ich mache heute Dienst auf der Schaukel", das waren die einfachen Aussagen der Personale.
Auch auf kleineren Einsatzstellen, wo die Lok ja nie echt gefordert wurde, war sie als behäbig und schwerfällig verschrieen. Da war man auf mancher Dienststelle froh, als Ersatz eine kleinere, wendigere sä. V T (BR 89.2) zu haben oder oder auf eine andere Maschine (z.B. Baureihe 89.70) zurückgreifen zu können. Dies hatte den Vorteil, das man weniger Kohle zu schaufeln hatte und die Lokwartung schneller vonstatten ging.
Die sä. XI HT ist anfangs auch als Nachschiebelok eingesetzt gewesen. In den 30er-Jahren hat man aber gleichwertige Schlepptenderloks dazu herangezogen. Einzige Ausnahmen blieben zu diesem Zweck später der „Wismutraum" (Bw Zwickau) und die Verbindungstrecke Riesa-Hafen zum Riesaer Vbf.
Vorteilhaft erwies sich bei der BR 94.20 das geschlossene Führerhaus im Winter. Nachteilig war dagegen die geringe Sicht auf die Gleise.
Abschließend zur Statistik. Während es bereits in den 30er-Jahren einzelne Ausmusterungen gab, wurden Anfang 1952 weitere Maschinen als Kriegsschadlok ausgemustert (94 2032, 2072, 2078, 2084, 2113, 2135).
Davon waren eine Anzahl zur Rbd Cottbus ausgegliedert worden, die vorrangig in Zittau und Löbau, aber auch ab und an in Kamenz und Cottbus im Einsatz waren.
Mitte der 60er-Jahre, als die ersten V60-Diesellokomotoven den Dienst der BR 94.20 (auf Anhieb erfolgreich) übernahmen, begann dann die große Ausmusterungswelle.
Die neue Numerierung erlebten 1970 offiziell (vgl. Hinweis zur Tabellenübersicht) nur ca. 15 Lokomotiven dieser Gattung - sie wurden bis auf Ausnahmen beim Bw Aue eingesetzt.

Vor dem Nahgüterzug Löbau - Ebersbach - Seifhennersdorf fotografierte Uwe Friedrich im Juni 1968 die 94 2132 bei Löbau.   *Foto: Sammlung Peter Melcher*

Die Strecke Altenburg - Zeitz, mit dem in der Mitte gelegenen Bw Meuselwitz, war in den 30er-Jahren ein Sammelpunkt für die Loks der BR 94.19. Dies dokumentiert die Aufnahme von 94 1903, die etwa 1930 in Meuselwitz entstand.   *Foto-Sammlung: Detlef Winkler*

Aus dem Bild-Archiv von Werner Hubert stamt das Fotos der 94 1905, die dem Fotografen ca. 1932 im Bw Meuselwitz dargeboten wurden.   *Foto-Sammlung: Detlef Winkler*

94 1901 - 1908, 94 2001 - 2010

Verbleibsliste der Baureihe 94.19-20 (sächsische XIHT)

1901	DRB	Kamenz			+	18.06.1933
1902	DRB	Bautzen			+	07.02.1934
1903	DRB	Kamenz			+	24.02.1934
1904	DRB	Bautzen			+	20.12.1933
1905	DRB	Glauchau			+	14.03.1932
1906	DRB	Bautzen			+	20.12.1933
1907	DRB	Dresden-Friedrichstadt			+	08.02.1934
1908	DRB	Altenburg			+	04.07.1933
2001	DR	Zwickau	Z	26.04.67	+	18.05.1967
2002	DR	Bautzen	Z	.64	+	30.09.1964
2003	DR	Zwickau	Z	14.04.64	+	20.01.1965
2004	DR	Zwickau	Z	12.05.66	+	07.08.1967
2005	DR	Riesa	Z	26.11.67	+	15.12.1967
2006	DR	Rochlitz	Z	12.08.65	+	01.07.1967
2007	DR	Pirna	Z	10.07.67	+	07.08.1967
2008	DR	Zwickau	Z	22.02.66	+	01.07.1967
2009	DR	Bautzen	Z	12.64	+	30.01.1965
2010	DR	Aue	Z	30.08.68	+	22.10.1968

94 2003 war im Jahre 1934 beim Bw Adorf stationiert und wurde nach unseren Recherchen zu diesem Zeitpunkt im Bf.Klingental aufgenommen.

Foto: Werner Hubert, Foto-Sammlung: Reiner Scheffler

94 2011 - 2023

Ebenfalls in Klingenthal ist diese Aufnahme der 94 2003 entstanden.
Foto: Werner Hubert, Foto-Sammlung: Detlef Winkler

2011		CSD/R.45	(*Pirna* 05.45)			+	1947 *
2012	→ 94 2012-6ˣ	DR	Bautzen	Z	01.10.69	+	10.03.1970
2013		CSD/R.45	(*Löbau* 05.45)			+	1949 *
2014		DR	Zwickau	Z	28.03.68	+	30.05.1968
2015		DR	Dre-Friedrichstadt	Z	07.05.63	+	20.01.1965
2016		DR	Glauchau	Z	22.02.66	+	10.08.1967
2017		DR	Zwickau	Z	16.11.67	+	15.12.1967
2018		DR	Riesa	Z	12.08.65	+	01.07.1967
2019	→ Tkw3-1	PKP .45	(*Pirna* 05.45), CSD .45				*
2020		CSD .45	(*Rbd Halle* 05.45)				*
2021	(→ 0516.0500)	CSD .45	(*Löbau* 05.45)			+	1952 *
2022		DR	Dre-Friedrichstadt	Z	12.08.65	+	01.07.1967
2023		DR	Adorf	Z	10.07.67	+	18.12.1967

2011 RAW Böhmisch-Leipa 05.45
2013 RAW Böhmisch-Leipa 05.45
2019 RAW Böhmisch-Leipa 05.45, CSD .45 (offiziell hier + 1945),
   im PKP-Umzeichnungsplan von 1945 als Tkw3-1 aufgeführt
2020 RAW Böhmisch-Leipa 05.45
2021 RAW Böhmisch-Leipa 05.45, bei CSD vorläufige Umzeichnung = 516.0500 .45

Der Lokbahnhof Löbau des Bw Bautzen war bis Ende der 60er-Jahre eine Hochburg für die BR 94.20. Dabei gehört 94 2012 zu den Maschinen, die keinen Oberflächenvorwärmer erhielten. Im August 1964 rangiert sie in Löbau/Sachsen. Foto: Uwe Friedrich

Auf der Strecke Glauchau - Zwickau versah 94 2017 (ebenfalls ohne Oberflächenvorwärmer) am 24. Mai 1965 im Bf.Mosel den Rangierdienst. Foto: Rudi Lehmann

Beim Bw Riesa war 1967 die 94 2025 beheimatet und wurde dort auch von Reiner Scheffler auf den Film gebannt.

94 2024 - 2032

Mit einem Gruß des Personals werden uns im Zeitraum von etwa 1928 im Lokbahnhof Altenburg die 94 2038 und 94 2039 nebeneinander präsentiert.   Foto-Sammlung: Detlef Winkler

2024		DR	Aue	Z	10.08.67	+	25.08.1967
2025	→ 94 2025-8[x]	DR	Riesa	Z	25.07.69	+	04.11.1969
2026		DR	Zittau	Z	28.10.65	+	10.10.1967
2027	→ 94 2027-4	DR	Zittau	Z	01.03.70	+	22.02.1971
2028		DR	Falkenberg	Z	28.10.65	+	26.04.1967
2029		DR	Aue	Z	12.04.67	+	18.12.1967
2030	→ 94 2030-8[x]	DR	Zwickau	Z	23.01.69	+	19.02.1969
2031	→ 94 2031-6[x]	DR	Zwickau	Z	06.02.69	+	22.04.1969
2032		DR KS	Reichenbach	Z	.45	+	28.02.1951 *

2032 Z-Stellung in Adorf, als Z-Lok 20.08.48: Reichenbach

Foto links: Im Bf.Wilkau-Haßlau zwischen Aue und Zwickau vermochte Dr.Werner Söffing am 19. Juli 1968 diese Aufnahme der 94 2035 zu hinterlegen.

Garnituren wie diese waren in der Lausitz noch bis Anfang der 70er-Jahre zu sehen. Im Mai 1965 rollt 94 2039 Richtung Mittelcunewalde, das Bild selbst entstand bei Cunewalde.
Foto: Uwe Friedrich

94 2033 - 2062

2033		DR	Zwickau	Z	26.04.67	+	18.05.1967
2034		DR	KMS-Hilbersdorf	Z	27.10.66	+	14.11.1966 *
2035	→ 94 2035-7[x]	DR	Zwickau	Z	15.05.69	+	14.07.1969
2036		DR	Adorf	Z	12.05.66	+	01.03.1967
2037		CSD/R.45	(*Rbd Halle* 05.45)				*
2038		DR	Riesa	Z	24.12.68	+	19.02.1969
2039		DR	Bautzen	Z	04.68	+	29.04.1968
2040		DR	Zwickau	Z	10.08.67	+	25.08.1967
2041		DR	Falkenberg	Z	12.05.66	+	01.03.1967
2042		DR	Zwickau	Z	19.09.68	+	22.10.1968
2043	→ 94 2043-1	DR	Aue	Z	01.10.75	+	09.01.1976
2044		CSD/R.45	(*Zittau* 05.45)				*
2045	→ 94 2045-6[x]	DR	Bautzen	Z	28.01.69	+	09.06.1969
2046		DR	Bautzen	Z	24.11.66	+	18.12.1967
2047		DR	Riesa	Z	10.07.67	+	18.12.1967
2048	→ 94 2048-0	DR	Bautzen	Z	26.05.70	+	17.12.1970
2049	→ 94 2049-8[x]	DR	Zittau	Z	01.69	+	19.02.1969 *
2050		DR	Riesa	Z	01.12.66	+	01.07.1967
2051		DR	Zwickau	Z	10.08.67	+	25.08.1967
2052		DR	Zwickau	Z	22.02.66	+	01.07.1967
2053		DR	Zwickau	Z	10.08.67	+	25.08.1967
2054		DR	Aue	Z	12.05.66	+	01.03.1967
2055		DR	Aue	Z	10.08.67	+	25.08.1967
2056		DR	Görlitz	Z	.45	+	25.01.1951 *
2057		DR	Zittau	Z	09.08.68	+	16.09.1968
2058		DR	Bautzen	Z	26.05.65	+	18.12.1967
2059		DR	Falkenberg	Z	12.05.66	+	01.03.1967
2060		DR	Glauchau	Z	26.04.66	+	01.03.1967
2061		DR	Zittau	Z	28.03.68	+	16.04.1968
2062		DR	KMS-Hilbersdorf	Z	26.04.67	+	18.05.1967

2034 Mit Ausmusterungs -Verfügung
verkauft von Rbd Dresden an Maxhütte Unterwellenborn als Werklok Nr. 20
2037 RAW Böhmisch-Leipa 05.45
2044 RAW Böhmisch-Leipa 05.45
2049 Lok weilte am 27.11.68 zur L0 im Raw Cottbus und erhielt durch einen Brand am 19.12.68
Totalschaden
2056 Z-Stellung in Zittau, als Z-Lok 04.08.48: Görlitz

Die 94 2043, welche hier aus dem Bw Riesa 1966 hervorkommt, wurde später auf der Strecke Eibenstock ob.Bf. - Eibenstock unt.Bf. für viele Eisenbahnfreunde das Symbol der BR 94.20 schlechthin (Foto: Reiner Scheffler).

Dies belegt auch das Motiv dieser Lok vom 12.August 1974 aus Eibenstock ob.Bf., wovon an anderer Stelle mehr zu sehen ist. Foto: Detlef Winkler

Der Stolz der Belegschaft war 1942 in der Lokwerkstatt Pethau ganz offensichtlich die 94 2045 vom Bw Zittau. *Foto-Sammlung: Gotthard Paul*

Vielleicht hatte 94 2066 im Jahre 1967 „fliegendes Personal", als sie im Riesaer Ghf den Posten 6 (Südost) mit der Bezeichnung „Reiher" passierte. *Foto: Reiner Scheffler*

Auch Karl-Julius Harder stattet dem Bw Meuselwitz am 09. März 1934 einen Besuch ab, wo er neben der 94 2067 die 94 1902 vorfand.

Im Jahre 1943 hatte 94 2086 zwischen Glauchau und Rochlitz/Sa. einen Unfall. Sie ist übrigens eine jener Loks, die im Mai 1945 beim RAW Böhmisch-Leipa zur Untersuchung anstanden und danach bei der CSD verblieben.   Foto-Sammlung: Reiner Scheffler

94 2063 - 2092 174

2063		DR	Zittau	Z	28.09.67	+	18.12.1967
2064		DR KS	Kamenz	Z	22.04.45	+	26.08.1947 *
2065		DR	KMS-Hilbersdorf	Z	12.05.66	+	07.08.1967
2066	→ 94 2066-2ˣ	DR	Riesa	Z	13.03.69	+	23.04.1969
2067		DR	KMS-Hilbersdorf	Z	12.05.66	+	01.03.1967
2068		CSD/R.45	(*Bautzen* 05.45)				*
2069	→ 94 2069-6	DR	Zwickau	Z	29.01.70	+	29.10.1970
2070		DR	Zwickau	Z	26.04.67	+	18.05.1967
2071		CSD/R.45	(*Bautzen* 05.45)				*
2072		DR KS	Zwickau	Z	.45	+	28.02.1951
2073	→ 94 2073-8ˣ	DR	Bautzen	Z	12.06.69	+	04.11.1969
2074		DR	Riesa	Z	27.10.66	+	01.11.1966
2075		CSD/R.45	(*Zwickau* 05.45)				*
2076	→ 94 2076-1ˣ	DR	Zwickau	Z	14.02.69	+	22.04.1969
2077		DR	Bautzen	Z	22.12.66	+	18.12.1967
2078		DR KS	Reichenbach	Z	.45	+	28.02.1951 *
2079		DR	Falkenberg	Z	12.08.65	+	26.04.1967
2080	→ 94 2080-3	DR	Aue	Z	30.01.76	+	24.02.1976
2081		CSD/R.45	(*Werdau* 05. 45)				*
2082		DR	Reichenbach	Z	07.03.68	+	16.04.1968
2083		DR	Zwickau	Z	24.08.68	+	22.10.1968
2084		DR KS	Zwickau	Z	.45	+	20.12.1951 *
2085	→ 94 2085-2	DR	Zittau	Z	27.01.70	+	10.03.1970
2086		CSD/R.45	(*Adorf* 05.45)				*
2087	→ 94 2087-8ˣ	DR	Zwickau	Z	24.07.69	+	04.11.1969
2088		DR	Zwickau	Z	16.11.67	+	15.12.1967
2089	→ 94 2089-4	DR	Reichenbach	Z	20.08.70	+	29.10.1970
2090		DR	KMS-Hilbersdorf	Z	12.08.65	+	01.07.1967
2091		DR	Riesa	Z	10.07.67	+	07.08.1967
2092	→ 94 2092-8	DR	Zwickau	Z	13.03.69	+	29.10.1970

2064 Abgestellt ab 02.45; nach Zerlegung Schrotteile an SMA
2068 Böhmisch-Leipa 05.45
2071 RAW Böhmisch-Leipa 05.45
2075 RAW Böhmisch-Leipa 05.45
2078 Z-Stellung in Adorf, als Z-Lok 20.08.48: Reichenbach
2081 RAW Böhmisch-Leipa 05.45
2084 Z-Stellung in Aue, als Z-Lok 04.04.49: Zwickau
2086 RAW Böhmisch-Leipa 05.45

Gerade hat 94 2093 den Bahnhof Kleindehsa auf der Strecke Löbau - Cunewalde verlassen und strebt in Richtung Halbau. Aufgenommen im April 1968: Uwe Friedrich

Im Mai 1975 rangierte 94 2105 mit den Güterwagen des Ng Aue - Adorf in Eibenstock unterer Bahnhof.   *Foto: Detlef Hommel*

94 2093 - 2103

In Feiertagsbereitschaft war 94 2101 vom Bw Zittau am 14. April 1968 im Bw Falkenstein anzutreffen.
Foto: Hans Schülke

2093	→ 94 2093-6[x]	DR	Bautzen	Z	01.08.69	+	10.03.1970
2094		CSD/R.45	(Bautzen 05.45)				*
2095		DR	Adorf	Z	10.07.67	+	07.08.1967
2096		DR	Zwickau	Z	10.08.67	+	25.08.1967
2097		SZD .45	Von DR an SMA 09.12.45				(+ 1947) *
2098		CSD/R.45	(Zittau 05.45)				*
2099		DR	Zittau	Z	07.68	+	16.09.1968
2100		DR	Zwickau	Z	10.08.67	+	25.08.1967
2101	→ 94 2101-7	DR	Zwickau	Z	16.10.69	+	18.11.1970
2102	→ 94 2102-5	DR	Zwickau	Z	26.11.69	+	18.11.1970
2103		DR	Aue	Z	28.10.65	+	15.01.1968

2094 RAW Böhmisch-Leipa 05.45
2097 Kamenz .45, offizielle Ausmusterung/Streichung aus dem Bestand bei DR 1947
2098 RAW Böhmisch-Leipa 05. 45

94 2102 vom Bw Falkenstein ist kurz hinter Reichenbach/V mit dem Nahgüterzug Reichenbach - Falkenstein unterwegs und fährt in Richtung Herlasgrün, wo sie die Hauptstrecke Leipzig - Reichenbach - Gutenfürst verläßt und Richtung Falkenstein abbiegt; September 1965.
Foto: Rudi Lehmann

Die einzige sä.XI HT, die nach 1945 mit Umwegen zur ÖBB gelangte, war 94 2110. Mag.pharm. Alfred Luft verdanken wir dieses Bild der Lok am 18. April 1953 auf dem Lokfriedhof von Breitensee noch vor der Verschrottung.

94 2104 - 2133

2104			CSD/R.45	(*Kamenz* 05.45)				*
2105	→	94 2105-8	DR	Aue	Z	30.06.77	+	30.11.1978 *
2106			DR	Aue	Z	20.11.68	+	05.12.1968
2107			DR	Aue	Z	28.09.68	+	22.10.1968
2108	→	94 2108-2	DR	Reichenbach	Z	02.04.71	+	20.09.1971
2109	→	94 2109-0^x	DR	Zwickau	Z	18.08.69	+	18.11.1970
2110	→	694.2110	ÖBB .51	CSD 05.45, MAV .48, ÖBB .51			+	15.12.1953 *
2111			DR	Zwickau	Z	28.11.68	+	19.02.1969
2112			DR	KMS-Hilbersdorf	Z	12.08.65	+	07.08.1967
2113			DR	Adorf	Z	06.49	+	30.06.1951 *
2114	→	94 2114-0	DR	Aue	Z	11.06.70	+	29.10.1970
2115			DR	Dre-Friedrichstadt	Z	12.04.67	+	14.06.1967
2116			DR	Riesa	Z	19.11.68	+	05.12.1968
2117	→	94 2117-3^x	DR	Zwickau	Z	23.01.69	+	19.02.1969
2118	→	94 2118-1^x	DR	Bautzen	Z	14.03.69	+	09.06.1969
2119			DR	Zwickau	Z	19.09.68	+	22.10.1968
2120	→	94 2120-7	DR	Zwickau	Z	27.11.69	+	18.11.1970
2121	→	94 2121-5	DR	Reichenbach	Z	08.07.71	+	20.09.1971
2122			DR	Zwickau	Z	23.05.68	+	13.08.1968
2123	→	94 2123-1	DR	Aue	Z	28.11.69	+	18.11.1970
2124			DR	Zwickau	Z	07.03.68	+	16.04.1968
2125			DR	Riesa	Z	21.12.67	+	14.02.1968
2126			DR	Bautzen	Z	03.67	+	18.12.1967
2127			DR	Zwickau	Z	26.04.67	+	18.05.1967
2128	→	94 2128-0	DR	Zwickau	Z	30.01.70	+	18.11.1970
2129	→	94 2129-8^x	DR	Zwickau	Z	06.02.69	+	19.02.1969
2130	→	94 2130-6^x	DR	Aue	Z	30.10.69	+	18.11.1970
2131			DR	Falkenberg	Z	25.03.65	+	26.04.1967
2132	→	94 2132-2	DR	Kamenz	Z	06.04.70	+	01.07.1970
2133			DR	Aue	Z	07.05.63	+	20.01.1965

2104 RAW Böhmisch-Leipa 05. 45
2105 Falkenberg bis 12.05.66 und erstmalig verkauft an Raw Zwickau als Werklok, an DR zurück 03.74, mit letzter Ausmusterungs-Verfügung von Rbd Dresden verkauft an Verkehrsbetriebe Dresden, spätere Übernahme durch Vereinigung „Sächsischer Eisenbahnfreunde e.V."
2110 RAW Böhmisch-Leipa .44 (beheimatet beim Bw Kamenz .45), bei CSD 05.45, bei MAV .48, an ÖBB 15.05.1951
2113 Vorherige Z-Stellung in Greiz, als Z-Lok 07.09.48: Adorf

Ein Glück, daß das Lokpersonal sich seinerzeit so rührig um seine Maschinen kümmerte, denn sonst wäre das Bild der 94 2113 im Bw Meuselwitz von 1932 wohl nie entstanden.
Foto-Sammlung: Detlef Winkler

Das Wetter meinte es an einem Sonntag im Frühjahr 1969 nicht allzugut, als 94 2118 betriebsfähig abgestellt im Bw Bautzen vorzufinden war.
Foto-Sammlung: Peter Melcher

Ausgerechnet das Stellwerk war „Im Wege", als 94 2124 vom Bw Chemnitz-Hilbersdorf in den 30er-Jahren eine Falschfahrt unterlaufen ist.
Foto: Bw Karl-Marx-Stadt, Foto-Sammlung: Reiner Scheffler

94 2134 - 2153

Foto oben: In bester Gesellschaft befand sich 94 2132 inmitten der Tenderloks (von links) 75 1116, 75 434 und 75 411 im Bw Löbau 1968.
Foto: Reiner Scheffler

Foto unten links: Teilweise noch recht rustikaler Art war der Wagenpark auch Mitte der 60er-Jahre bei der DR, der hier aus Fahrzeugen tschechischer Bauart besteht. So beförderte denn 94 2126 vom Bw Bautzen am 20. Juli 1966 ausfahrend aus Cunewalde diese Garnitur in Richtung Löbau.
Foto: Uwe Friedrich

2134		DR	Riesa	Z	12.04.67	+	14.06.1967
2135		DR KS	Görlitz	Z	.45	+	20.12.1951 *
2136	→ 94 2136-3	DR	Aue	Z	30.06.73	+	17.10.1973
2137		CSD/R.45					*
2138		DR	Zwickau	Z	29.08.68	+	22.10.1968
2139		DR	Zittau	Z	26.07.66	+	05.07.1967
2151	→ 94 2151-2ˣ	DR	Bautzen	Z	22.04.70	+	01.07.1970 *
2152		DR	Zwickau	Z	12.08.68	+	04.09.1968 *
2153	?	DR	Rbd Dresden			+	20.12.1951 *

2135 Z-Stellung in Zittau, als Z-Lok 04.09.48: Görlitz
2137 Zwickau 10. 25, RAW Böhmisch-Leipa 05.45
2151 ex SNCF 3-050-TA-904 .38, DRB/L .41, DR .52
2152 ex SNCF 3-050-TA-911 .38, DRB/L .41, DR .52
2153 Die Lok wird in amtlichen DR-Bestandslisten aufgeführt,
      die tatsächliche Existenz ist jedoch sehr fraglich! (Herkunft ?)

94 2151 war eine der beiden DRB-Leihlok, die nach 1945 bei der DR verblieben und in das hiesige Nummernschema (als 94 2151 sowie 94 2152) eingereiht wurden, Bild vom 06. Juni 1966 im Raw Halle. *Foto-Sammlung: Reiner Scheffler*

Diese sä.XI HT mit der Nummer 2059 wurde bereits 1919 nach Frankreich als Reparationsleistung abgegeben. 1941 kam auch sie als DRB-Leihlok in heimatliche Gefilde zurück (zuvor ETAT 50-910) und verblieb sodann in Mitteldeutschland. Von dort wurde sie zwischen 1951 und 1954 ohne Einreihung in das DR-Nummersystem nach Nord-Korea verkauft. Sämtliche Aufnahmedaten sind leider unbekannt. *Foto-Sammlung: Reiner Scheffler*

Erinnerungen an die Strecke Eibenstock ob. Bf. - Eibenstock unterer Bf.

Reiner Scheffler

Mit Beginn des Winterfahrplanes 1975/76, am 28. September 1975, endete auf der Kursbuchstrecke 442 (DR) von Eibenstock unterer Bf nach Eibenstock oberer Bf. der Zugverkehr.
An dieser Stelle dazu einige Erläuterungen, da besagte Steilstrecke das letzte Einsatzgebiet der beim Bw Aue eingesetzten XI HT war. Bis zum Schluß verrichteten hier 94 2043-1, 2080-3 und 2136-3 mit EDV-Nummer ausgerüstet ihren Dienst.
Entsprechend den Sicherheitsvorschriften für Steilstrecken mußten diese Maschinen mit vier voneinander unabhängig wirkenden Bremsen ausgerüstet sein. Das waren im einzelnen: Druckluftbremse, Handbremse, Zusatzbremse und Gegendruckbremse. Weiterhin war vorgeschrieben, daß die Lok jeweils talseitig am Zug zu stehen hatte; man schob also bei der Bergfahrt. Das Wagenzuggewicht durfte 135 t nicht überschreiten.
Die Streckenlänge betrug 3,2 km, dabei wurde ein Höhenunterschied von 128 m überwunden und stellenweise wies die Strecke eine Neigung von 50 ‰ auf. 14 Minuten Fahrzeit wurden sowohl berg- als auch talwärts benötigt. Die zulässige Höchstgeschwindigkeit betrug dabei 15 km/h.
Für eine Bergfahrt brauchte eine Maschine rund 1.500 Liter Wasser, so daß also nach jeder zweiten Fahrt Wasser genommen werden mußte.
Für 94 2136, die am 17.10.1973 ausgemustert wurde, kam als Ersatz die 94 2105-8. Diese Lok war bereits schon ausgemustert und wurde im Raw Zwickau/Sa. als Werklok verwendet (vgl. Anmerkung innerhalb der Verbleibsliste). Da sie aber nach der Ausmusterung von 94 2136 dringend benötigt wurde, arbeitete man sie wieder auf und führte sie dem Betriebspark erneut zu.
Durch den Bau der Talsperre bei Wolfsgrün wurde die Strecke 440 Adorf (Vogtl.) - Aue (Sachs.) - Karl-Marx-Stadt zwischen Blauenthal und Schönheide Ost unterbrochen. Nachdem die Strecke Eibenstock unt. Bf. Eibenstock ob. Bf. erst am 02. Mai 1905 eröffnet wurde, versank sie rund 70 Jahre später in den Fluten des Stausees bei Wolfsgrün.
Von den drei noch vorhandenen XI HT überlebte nur die 94 2105, die für das Verkehrsmuseum Dresden vorgesehen ist; die anderen fielen dem Schneidbrenner zum Opfer.

184

Foto Seite 183 oben: Wäre da nicht die EDV-Nummer am Führerhaus der 94 2136, könnte man meinen, die Zeit wäre stehen geblieben...
Während in den letzten Jahren des Betriebes auf der Strecke Eibenstock ob.Bf. - Eibenstock unt.Bf. moderne Reko-Wagen zum Einsatz kamen, waren zuvor noch „stilechte Verhältnisse" auszumachen. So auch am 14. Mai 1971, als Gert Schütze die 94 2136 kurz nach dem Einfahrtsignal des Bahnhofs Eibenstock unt.Bf. in der Steigung aufnahm.
Beide Fotos: Gert Schütze, Foto-Sammlung: Stanek

In „voller Fahrt" begegnet uns 94 2080 am 17. August 1974 auf der Strecke nach Eibenstock oberer Bahnhof mit den Reko-Wagen. Foto: Detlef Winkler

Noch einmal Erinnerungen vom Einsatz der letzten drei sä.XI HT (Baureihe 94.20) bei der DR. Während einer Probefahrt nach L0-Ausbesserung im AW entstand in Crimmitschau dieses Foto der 94 2043 vom Bw Aue am 07. Februar 1975.   *Foto: Rolf Vogel*

Ganz typisch in Eibenstock oberer Bahnhof. 94 2043 im Jahre 1974.   *Foto: Gotthard Paul*

186

Ob Sommer oder Winter: 94 2080 war bis 1976 stets auf der Eibenstocker Strecke (hier im oberen Bahnhof) anzutreffen, Aufnahme vom 03. Februar 1973.   *Foto: Rolf Vogel*

Ins Detail gehen konnte Heinz Finzel im Jahre 1975 bei diesem Portrait der 94 2080-3 in Eibenstock ob.Bf.

Ob sie ein Plauderstündchen abhalten? 94 2105 (links) und 94 2080, diesmal im unteren Bahnhof von Eibenstock im Oktober 1975. Die Gleise werden zu diesem Zeitpunkt nur noch vom Abbauzug befahren. Heute ist an dieser Stelle ein Stausee zu finden.   Foto: Steffen Weigel

Die letzte Vertreterin ihrer Gattung war 94 2105. Hier hatte sie im Juni 1971 eine seltene Zusammenkunft mit 86 1725 in Eibenstock unt.Bf.   Foto: Eckhard Ebert

Die Baureihe 94.70 (preußische T15)   94 7001 - 7022

Die steigungs- und krümmungsreichen Strecken Thüringens als auch Schlesiens verlangten bereits Ende des 19. Jahrhunderts stärkere Lokomotiven. Die Zuggewichte waren so gestiegen, daß die dreifachgekuppelten Tenderlokomotiven an der Grenze ihrer Leistungsfähigkeit angelangt waren. Erfahrungen mit Lokomotiven mit vier und fünf Achsen in Krümmungen und kleinen Radien lagen noch nicht vor. Bis Gölsdorf seine seitenverschiebbare Achse erfand, sollte noch einige Zeit vergehen. Vor allem die KED Erfurt drängte deshalb auf den Bau eines E-Kupplers.
Die beauftragte Firma Hagans ging sofort zum Bau einer fünfachsigen Lokomotive über, deren Triebwerk geteilt wurde. Das erste Triebwerk mit frei gekuppelten Achsen war vorne fest im Rahmen gelagert. Das zweite Triebwerk mit zwei gekuppelten Achsen befand sich in einem Drehgestell. Hierbei wurde die Kraft vom ersten Triebwerk über ein verwickelt gebautes Hebelwerk auf das zweite übertragen. Im Grunde genommen wies die Lokomotive also nicht die Achsfolge „E" sondern „CB" auf.
Zum damaligen Zeitpunkt galt die Leistung der später als T15 bezeichneten Maschine durchaus als zufriedenstellend. Enge Kurven nahm sie anstandslos, Räder und Schienen wurden dabei nicht übermäßig beansprucht. Über die Leistungsfähigkeit der T15 liegen keine amtlichen Angaben vor, da die Merkbücher von 1915 und 1924 keine Angaben über die als „Hagans-Bauart" bezeichneten Maschinen enthalten. Überliefert ist aber, daß sie auf einer Steigung von 1:30 und Krümmungen mit R= 200m 205t mit 15 km/h und 110t mit 30 km/h geschleppt haben soll.
Auf Grund ihrer verwickelt gebauten Kraftübertragung kam es aber öfters zu Störungen und man sah die Lokomotiven häufiger als andere Baureihen in den Werkstätten. Dies wirkte sich letztlich auf die Wirtschaftlichkeit aus.
Neben der Bauart „Hagans", von der 92 Lokomotiven gebaut wurden, gab es mit der Bauart „Koechy" noch eine weitere T15. Als Einzelstück wurde sie 1902 von Henschel & Sohn unter der Fabriknummer 5968 gebaut. Sie unterschied sich von der Hagans-Bauart lediglich durch ein leicht abgewandeltes, aber ebenso kompliziertes Triebwerk. Trotz ihres Einzeldaseins wurde sie aber nicht als Splittergattung ausgemustert, sondern stand rund 20 Jahre im Einsatz (+ 1923).
Während die meisten dieser bei der KPEV als „Hebellokomotiven" bezeichneteten Maschinen bis Anfang der 20er-Jahre aus dem Bestand ausschieden, sah der vorläufige Umzeichnungsplan der DRG von 1923 noch 22 Maschinen zur Einreihung als 94 7001 - 7022 vor. Die Umzeichnung kam allerdings nie zustande, denn bis zur Einführung des endgültigen Umzeichnungsplan von 1925 befand sich keine dieser Lokomotiven mehr im Betriebspark.

Technische Daten der preußischen T15

Bauart	E n2	Überhitzerheizfläche	- m²
Betriebsgattung	Gt 55.14	Heizrohrfläche	129,1 m²
Höchstgeschwindigkeit	40 km/h	Verdampfungsheizfläche	137,52 m²
Zylinderdurchmesser	520 mm	Achsstand der Lok	6860 mm
Treib- und Kuppelraddurchmesser	1200 mm	Länge über Puffer	11910 mm
		Masse der Lok, leer	56,0 t
Kesselüberdruck	12 bar	Masse der Lok, voll	71,5 t
Rostfläche	2,37 m²	Achslast	13.8 Mp
Anzahl der Heizrohre	210 Stück	Wasserkasteninhalt	6 m³
Strahlungsheizfläche	8,4 m²	Brennstoffvorrat	1,2 t

94 7001 - 7022

Verbleibsliste der Baureihe 94.70 (preußische T15)

7001	DRB.23	ex 8001 Breslau	+	1924
7002	DRB.23	ex 8003 Breslau	+	1923
7003	DRB.23	ex 8004 Breslau	+	1923
7004	DRB.23	ex 8003 Halle	+	1924
7005	DRB.23	ex 8007 Breslau	+	1924
7006	DRB.23	ex 8001 Kattowitz	+	1924
7007	DRB.23	ex 8013 Breslau	+	bis 1925
7008	DRB.23	ex 8023 Erfurt	+	bis 1925
7009	DRB.23	ex 8010 Breslau	+	bis 1925
7010	DRB.23	ex 8012 Breslau	+	bis 1925
7011	DRB.23	ex 8015 Breslau	+	1922/1923
7012	DRB.23	ex 8016 Breslau	+	bis 1923 *
7013	DRB.23	ex 8017 Breslau	+	bis 1925
7014	DRB.23	ex 8018 Breslau	+	1923
7015	DRB.23	ex 8019 Breslau	+	bis 1923 *
7016	DRB.23	ex 8020 Breslau	+	bis 1925
7017	DRB.23	ex 8021 Breslau	+	bis 1925
7018	DRB.23	ex 8022 Breslau	+	1923
7019	DRB.23	ex 8023 Breslau	+	1923
7020	DRB.23	ex 8027 Erfurt	+	1923
7021	DRB.23	ex 8024 Breslau	+	bis 1925
7022	DRB.23	ex 8025 Breslau	+	bis 1925

Anmerkung: Die Lokomotiven 94 7001-7022 waren nur im vorläufigen Umzeichnungsplan der DRB von 1923 enthalten, im endgültigen Umzeichnungsplan von 1925 sind sie jedoch nicht mehr aufgeführt! Somit ist keine dieser Loks unter der Baureihen-Bezeichnung 94.70 tatsächlich eingereiht worden.

7012 Verkauft 1923 an Eisenbahn Fünfkirchen (Pécs)-Mohács/Donau nach Ungarn als Lok Nr.14
7015 Verkauft 1923 an Eisenbahn Fünfkirchen (Pécs)-Mohács/Donau nach Ungarn als Lok Nr.15

Literaturverzeichnis

Bücher

D.Glässel: Die Bahnbetriebswerke der Deutschen Reichsbahn im Jahre 1938,
G. Röhr-Verlag, Krefeld, 1969

H.Griebl/F.Schadow: Verzeichnis der Deutschen Lokomotiven 1923-1963,
J.O.Slezak-Verlag, Wien, 1963

I.Hütter : Lokomotiven und Triebwagen deutscher Eisenbahnen (Entwicklung der Eisenbahn in Deutschland -Band 4-), G.Röhr-Verlag, Krefeld, 1987

I.Hütter/O.Pieper : Gesamtverzeichnis deutscher Lokomotiven - Band l: Preußen bis 1906 (Teil 2), Verlag Schweers & Wall, Aachen, 1995

I.Hütter/O.Pieper : Gesamtverzeichnis deutscher Lokomotiven -
Band 2: Preußen nach 1906 (unveröffentlichtes Manuskript)

Hütter/Kubitzki/Volkmar : Die Triebfahrzeuge der Deutschen Reichsbahn (Ost) 1945/46, Verlag L.Kenning, Nordhorn, 1995

A.Knipping: Die Triebfahrzeuge der DB und ihre Heimat-Betriebswerke,
Stand 31.12.1958, G. Röhr-Verlag, Krefeld, 1976

L.Spielhoff: Deutsche Eisenbahnen - Länderbahn Dampflokomotiven (Preußen, Mecklenburg, Oldenburg, Sachsen und Elsaß-Lothringen),
Franckh-Kosmos-Verlag, Stuttgart, 1990

Wagner/Bäzold/Zschech/Lüderitz: Lokomotiven preußischer Eisenbahnen
Tenderlokomotiven -, Alba-Verlag, Düsseldorf , 1991

Weisbrod/Müller/Petznick: Dampflok-Archiv 3, Transpress-Verlag, Berlin, 1978

H.J.Wenzel: Die Baureihe 94, Eisenbahn-Kurier-Verlag, Solingen, 1973

Zeitschriften, Broschüren,

Lektüre Eisenbahn, Bohmann-Verlag, Wien

diverse Ausgaben Eisenbahn-Journal-Sonderausgabe:
Preußen-Report, Band 3 von H.Rauter, H.Merker-Verlag,
Fürstenfeldbruck, 1991
Eisenbahn-Journal-Sonderausgabe II/1985:
Baureihe 94 von M. Weisbrod und H. Obermayer, H.Merker-Verlag,
Fürstenfeldbruck, 1985

Eisenbahn-Kurier, Ausgabe 5/1975: Die Baureihe 94.19-21 von W.Lauber, Eisenbahn-Kurier-Verlag, Wuppertal, 1975

Lok-Magazin, Ausgabe Nr.187: Das Lokomotivportrait - Baureihe 94.19-21
von U.Wallhuhn, Franckh-Verlag, Stuttgart, 1994

Die Lokrundschau, Arbeitsgemeinschaft Lokrundschau, Hamburg,
diverse Ausgaben 1969-1977-

Der Modelleisenbahner, Transpress-Verlag, Berlin, diverse Ausgaben ab 1960

Lektüre

Erhaltene Triebfahrzeuge deutscher Staatsbahnen DRG/DB und DR,
Ausgabe August 1992, Eigenverlag, Münster

Rundliste-Statistik Baureihe 94.2 und 94.5 der DB, Heft 2,
Eigenverlag W.Danschewitz, Königswinter

Abkürzungen

abg	abgestellt	ÖBB	Österreichische Bundesbahn
AL	Alsace-Lorraine		(hier bezeichnet ab Mai 1945)
	(=Elsaß Lothringen)	Pbf	Personenbahnhof
AW	Ausbesserungswerk (bei DB)	pfä	pfälzische (Staatsbahn)
Az	Arbeitszug	PKP	Polnische Staatsbahnen
BD	Bundesbahndirektion	pr	preußische (Staatsbahn)
BDZ	Bulgarische Staatsbahnen	RAG	Ruhrkohle-Aktien-Gesellschaft
Bf	Bahnhof	RAW	Reichsbahn-Ausbesserungs-Werk
BKW	Braunkohle-Kraft-Werk		(bei DR ab 1955: Raw)
BR	Baureihe	RBD	Reichsbahn-Direktion
Bw	Bahnbetriebswerk		(bei DR ab 1955: Rbd)
CSD	Tschechoslowakische	Rbf	Rangierbahnhof
	Staatsbahnen	Rück (Rü)	Rückgabelok einer
DB	Deutsche Bundesbahn		fremden Bahnverwaltung
Dir	Direktion	RZA	Reichsbahn-Zentral-Amt
DR	Deutsche Reichsbahn (Ost)	R	Rückfuhrlok (z.B: CSD/R)
DRB	Deutsche Reichsbahn	OBD	Ost-Bahn-Direktion
(auch DRG)	(-Gesellschaft) 1920-1945,	sä	sächsische (Staatsbahn)
	bei DB hier bis 1948 bezeichnet	SBZ	Sowjetische Besatzungs-Zone
ED	Eisenbahn-Direktion	SMA	Sowjetische
EDV	Elektronische-Daten-Verarbei-		Militär-Administration
	tung (-Nummer)	SMV	Sowjetische Militär-Verwaltung
i.E.	im Einsatzbestand	SNCB	Belgische Staatsbahnen
Est	Einsatzstelle	SNCF	Französische Staatsbahnen
Gbf	Güterbahnhof	SWEG	Südwestdeutsche Eisenbahn-
Hbf	Hauptbahnhof		Gesellschaft (in der französi-
HVB	Hauptverwaltung der		schen Zone 1947-1952)
	Deutschen Bundesbahn	SZD	Sowjetische Staatseisenbahnen
JZ	Jugoslawische Eisenbahnen	Umz	Umzeichnung
KED	Königliche Eisenbahn-Direktion	v	vor
KS	Kriegs-Schadlok	Vbf	Verschiebebahnhof
KPEV	Königlich preußische	VEB	Volkseigener Betrieb (der DDR)
	Eisenbahn-Verwaltung	verk	verkauft
KV	Kriegs-Verlust	VM	Verkehrs-Museum
L	Leihlok (z.B: DRB/L)	VU	Verbleib unbekannt
Lz	Leerzug	w	Lok wartet auf Ausbesserung
MA	Maschinen-Amt	wü	württembergische (Staatsbahn)
MAV	Ungarische Staatseisenbahnen	z	von der Ausbesserung zurück
MPS	Ministerscho Put i		gestellt
	Soobschtschenje	+	ausgemustert
	(=Sowjetische Eisenbahnen)	++	verschrottet
NS	Niederländische Eisenbahnen		

Abkürzungen

Abkürzungen von in diesem Buch verwendeten Ortsnamen

Bhv	Bremerhaven	Hmb	Hamburg
Bln	Berlin	Ko	Koblenz
Dsd	Düsseldorf	KMS	Karl Marx-Stadt
Dre	Dresden	Lu	Lutherstadt (-Wittenberg)
Dz	Danzig	Mgb	Magdeburg
Gsk	Gelsenkirchen	Wt	Wuppertal

Die pr.T15 „Erfurt 8003" wurde wahrscheinlich in den 20er-Jahren von Werner Hubert im Raum Erfurt abgelichtet. Sie wurde breits 1924 ausgemustert und ist im DRG-Umzeichnungsplan von 1923 nicht mehr zur Einreihung als Lok der Baureihe 94.70 vorgesehen.

Aktuelle Informationen aus allen Bereichen der Eisenbahn in Deutschland finden Sie in der:

LOKRUNDSCHAU

Bestellen Sie ein Probeheft für DM 3,00 in Briefmarken bei

LOKRUNDSCHAU Verlag
Postfach 80 01 07 – 21001 Hamburg